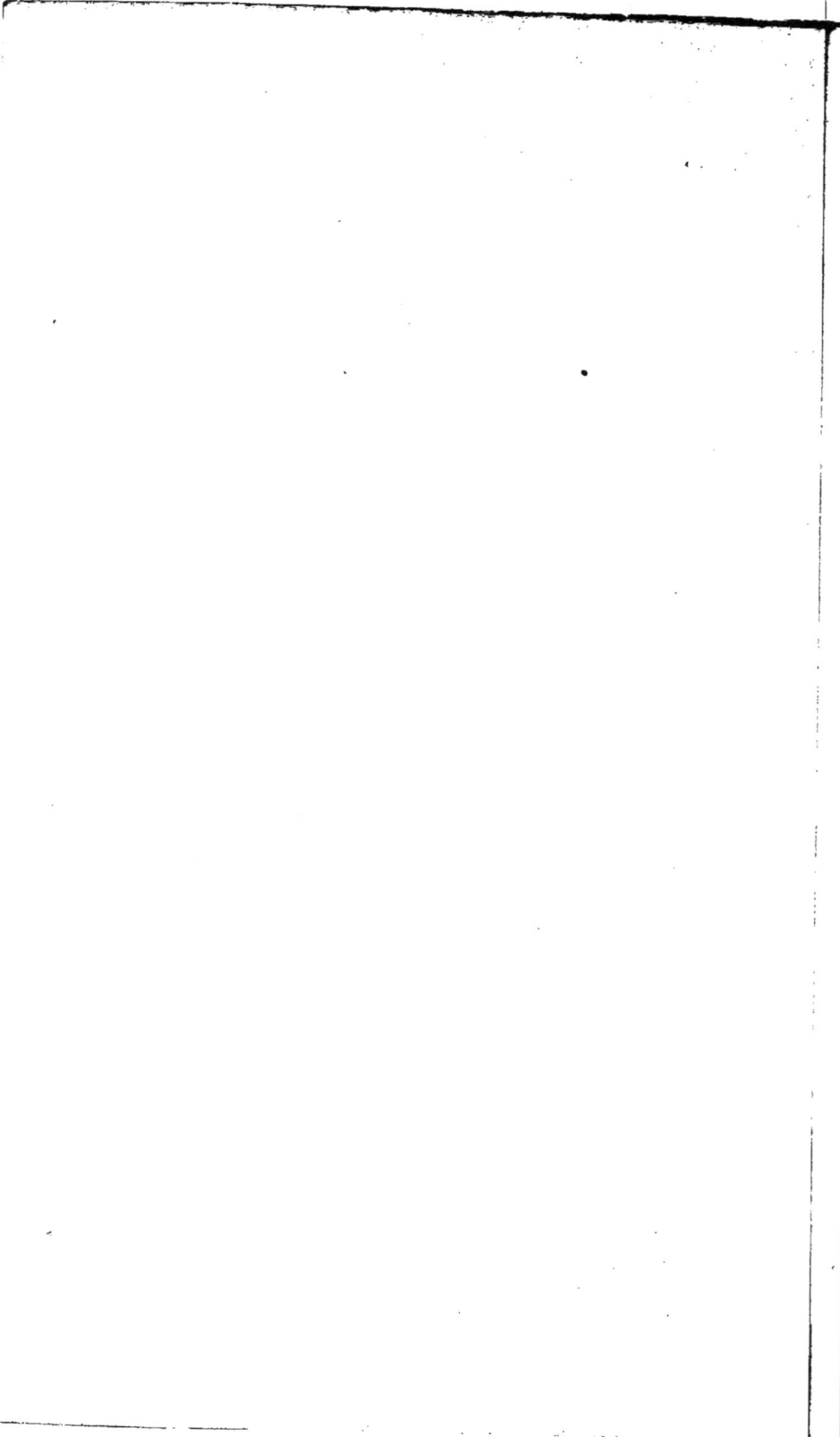

CAUSES ET EFFETS

DE

L'ACCROISSEMENT SUCCESSIF

DES

ARMÉES PERMANENTES.

LECTURE

FAITE

À LA SÉANCE PUBLIQUE DE LA CLASSE DES SCIENCES

DE L'ACADÉMIE ROYALE DE BELGIQUE, LE 16 DÉCEMBRE 1875,

PAR

LE GÉNÉRAL A. BRIALMONT,

Directeur de la classe des sciences et président de l'Académie
pour 1875.

BRUXELLES,

F. HAYEZ, IMPRIMEUR DE L'ACADÉMIE ROYALE.

—

1875

Extrait des *Bulletins de l'Académie royale de Belgique,*
2me sér., t. XL, no 12; 1875.

CAUSES ET EFFETS

L'ACCROISSEMENT SUCCESSIF

DES

ARMÉES PERMANENTES.

MESSIEURS,

En 1552, Charles-Quint résolut de faire un suprême effort pour reprendre Metz, qui était tombée, la même année, au pouvoir des Français par surprise et trahison. Bien que son empire fût aussi vaste que celui de Charlemagne, il ne put réunir devant la place que 60,000 hommes.

Le typhus et le froid firent de tels ravages dans cette armée que l'empereur dut lever le siége et licencier une partie des troupes.

Trois siècles après cet événement, en 1870, l'Allemagne, dont la superficie est égale au tiers seulement de celle des États de Charles-Quint, investit cette même place de Metz avec 200,000 hommes et porta, au delà du Rhin, un effectif total de 900,000 combattants (1).

Une disproportion aussi grande existe entre la force de l'armée française sous Henri II, et celle de l'armée française d'aujourd'hui.

Le successeur de François Ier ayant déclaré la guerre à l'Espagne, en 1557, Philippe II fit envahir ses États par 35,000 fantassins et 12,000 cavaliers, auxquels vinrent se joindre 8,000 auxiliaires anglais. Cette armée, placée sous le commandement du duc Philibert de Savoie, mit le siége devant Saint-Quentin, forteresse « d'où dépendait alors le salut de la France (2). »

Le connétable Anne de Montmorency, à la tête de 25,000 hommes de bonnes troupes, essaya en vain de ravitailler la place et d'y introduire des secours; obligé de battre en retraite après un demi-succès, il rencontra, à la sortie d'un défilé, 8,000 hommes d'armes et reiters sous les ordres du comte d'Egmont. Celui-ci l'attaqua vigoureusement et le mit dans une déroute complète. Montmorency perdit la moitié de son effectif et ses meilleurs officiers (3), l'autre moitié fut prise ou dispersée (4). Par suite de cet échec, la France se trouva dans une situation si critique, que, de l'aveu de ses historiens, elle eût été réduite à signer

---

(1) D'après le docteur Engel, directeur du bureau statistique de Berlin, l'effectif des troupes qui ont passé la frontière allemande en 1870-1871, s'élève à 913,957 hommes, savoir : 695,957 Prussiens, 42,502 Saxons, 15,396 Hessois, 105,413 Bavarois, 28,781 Wurtembergeois et 25,918 Badois.

(2) Motley, la Révolution des Pays-Bas, t. 1er, p. 246.

(3) Le connétable fut blessé et pris, le duc d'Enghien tué; Montpensier, le maréchal de Saint-André, le duc de Longueville, le prince de Mantoue, le comte de la Rochefoucault, d'Aubigny et Rochefort furent faits prisonniers.

(4) De Thou prétend que les Français eurent 2,500 tués dans cette bataille et les Espagnols 50 seulement.

une paix désastreuse si Philippe II avait permis aux vainqueurs de Saint-Quentin de marcher sur Paris. « L'unique « armée (1) sur laquelle reposait la défense de la France, » dit M. Henri Martin, en citant de Thou, semblait alors » anéantie.... L'ennemi était assez fort pour entreprendre » à la fois d'accabler dans La Fère les débris de l'armée » française et de marcher droit à Paris qui était sans dé- » fense (2) ».

Charles-Quint le savait; aussi quand on lui annonça la victoire de Saint-Quentin, il s'écria : » *Mon fils est-il à Paris (3) ?* »

Eh bien, Messieurs, la France qui, en 1557, après la perte d'une armée de 25,000 hommes, se trouvait à la merci du roi d'Espagne, mit sur pied, en 1871, une armée de plus d'un million de soldats (4), et continua la lutte non-obstant les désastres de Sedan et de Metz qui lui avaient coûté 350,000 hommes (tués, blessés et prisonniers).

Aujourd'hui cette même nation, malgré la perte de deux provinces, pourrait mobiliser 2,400,000 soldats, représentant le pied de guerre de son armée active et de son armée territoriale.

Quant aux forces militaires actuelles des États dont se

---

(1) Indépendamment de l'armée qui succomba à Saint-Quentin, la France avait alors en Italie une armée de 12,000 hommes de pied, de 400 gendarmes et de 800 chevau-légers, sous les ordres du duc de Guise, qui combattait, avec peu de succès, les troupes aguerries du duc d'Albe.

(2) *Histoire de France*, t. VIII, p. 455.

(3) Lettre du majordome de Charles-Quint, citée par M. Mignet.

(4) Le général Pourcet donne dans son livre (p. 209) le résultat de la revue d'effectif qui fut passée le 5 février 1871.

Il y avait en ce moment, en ligne, 534,000 hommes, dans les dépôts et en Algérie, 354,000 ; total, 888,000 hommes, non compris 273,000 hommes de l'armée du Rhin, prisonniers en Allemagne.

composait l'empire de Charles-Quint, on peut les évaluer à plus de 4 millions d'hommes, ou à 22 fois ce qu'elles étaient en 1550, eu égard à la population, et en supposant que celle-ci ait triplé depuis lors (1).

Cet énorme accroissement des armées permanentes est un des faits les plus curieux et les plus importants de l'histoire. Il sera donc utile d'en indiquer les causes et d'en apprécier les effets.

Si je me suis décidé à traiter ce sujet dans une assemblée de savants, c'est qu'il n'est pas exclusivement du domaine de l'histoire et de l'art de la guerre. Les sciences, en effet, ont largement contribué à l'accroissement des armées permanentes, et suivant que cet accroissement sera jugé un bien ou un mal, elles auront à réclamer une part d'éloges ou à se charger d'une part de responsabilité.

II.

Les armées permanentes ne sont pas d'institution moderne. Leur origine remonte à l'époque où les Grecs éprouvèrent la nécessité de perfectionner leur milice et de faire progresser l'art de la guerre, pour repousser les innombrables armées des barbares ou pour aller combattre ces armées chez elles et s'emparer de leur territoire.

Les premières armées dont fassent mention les livres saints et les histoires profanes, étaient levées pour la durée d'une campagne et composées de tous les citoyens en état

---

(1) La période moderne du doublement de la population est évaluée, d'après les derniers recensements, à cent neuf ans en moyenne. Elle était beaucoup plus longue antérieurement, pour plusieurs raisons qu'il est inutile d'exposer ici.

de porter les armes. Telles furent les armées de Moïse (1),
de Cyrus, de Crésus, de Darius, et de Xerxès ; la moins
forte de ces armées comptait plus de 500,000 hommes.

A la bataille de Timbrée, le premier fait de guerre dont
les détails soient arrivés jusqu'à nous, et qui remonte à
l'an 548 avant Jésus-Christ, Cyrus avait présents sous les
armes 196,000 Perses, et Crésus 420,000 Assyriens (2).

L'an 490 avant Jésus-Christ, 500,000 Perses, levés par
Darius, envahirent la Grèce et furent repoussés à Marathon
par 10,000 Athéniens, sous Miltiade. Il fallait que l'art
de la guerre eût bien décliné chez les Perses, pour que la
Grèce obtînt un pareil succès septante-huit ans après les
triomphes de Cyrus.

Voulant réparer l'échec de son père et châtier les Grecs,
Xerxès leva, en 481, une armée beaucoup plus forte, qu'il
commanda en personne. Hérodote, qui avait quatre ans au
moment où les Perses franchirent l'Hellespont, tenait de
témoins oculaires que cette armée, fournie par quarante-
six nations alliées (Perses, Mèdes, Assyriens, Égyptiens,
Parthes, Arabes, etc.), comptait à Doriskos, où elle fut passée en revue, 1,700,000 fantassins et 80,000 chevaux,
chiffres dont l'exactitude semble confirmée par ce fait
qu'elle mit sept jours et sept nuits à franchir le double
passage de l'Hellespont, bien que les officiers, pour accé-
lérer la marche des troupes, eussent distribué aux soldats
force coups de bâton et de fouet (3).

---

(1) Elle comptait 600,000 hommes, le quart environ de la population. C'est la
plus ancienne armée dont l'histoire fasse mention.

(2) D'après Xénophon.

(3) D'après Hérodote, elle comptait, en outre, 20,000 Arabes et Lydiens mon-
tant les chevaux et conduisant les chars.

A cet effectif, le plus élevé dont l'histoire fasse mention, il faut ajouter, d'après Hérodote, un nombre au moins égal de serviteurs esclaves, vivandiers, conducteurs de bétail, concubines, eunuques, cuisiniers, etc. (1).

Les provisions pour cette colossale armée avaient été réunies pendant trois ans sur divers points de la ligne d'opérations.

Il est hors de doute que l'armée de Xerxès, de même que celle de Darius, avait été formée par la levée en masse de tous les hommes valides. N'ayant fait aucune exception en faveur de ses propres enfants, Xerxès se crut en droit de punir le riche Pythios, dont il fut l'hôte à Sardes, parce que celui-ci avait demandé la permission de garder près de lui son cinquième fils.

Après la revue, elle fut rejointe par 300,000 soldats, formant le contingent des peuples d'Europe.

Xerxès avait 1,200 vaisseaux, montés chacun par 237 hommes, et 3,000 vaisseaux, montés chacun par 80 hommes.

(1) Les armées actuelles de l'Orient présentent encore le même phénomène. Le comte de Warren, qui était dans l'Inde en 1843, rapporte qu'à cette époque l'armée des Cipayes comptait 250,000 hommes. Devant pourvoir à ses besoins, cette armée était accompagnée de son *bazar.* « C'est, dit-il, un village de marchands, un peuple d'ouvriers qui vendent aux Cipayes tout ce dont ils ont besoin et qui les suivent à la guerre avec leurs bestiaux et leurs magasins. Boulangers, bouchers, cabaretiers, tout ce qui est nécessaire à la vie se trouve au camp; chaque officier traîne avec lui un énorme bagage, dix, quinze ou vingt domestiques, une tente, un mobilier, etc. Bref, le système n'a pas changé depuis Xerxès et Darius. Cette adjonction de tant d'individus qui, le jour de la bataille, ne servent absolument à rien, mais qu'il faut protéger avant tout, parce que sans eux on mourrait de faim, déroute complètement les prévisions accoutumées d'un officier général européen, puisque le *tiers* de son monde, tout au plus, est capable de faire le coup de fusil... Le moindre mouvement rétrograde livre toutes ses ressources à l'ennemi. Il faut donc agir lentement, à coup sûr, ne rien risquer. Aussi lord Clive a-t-il fait la conquête du Bengale avec une poignée de soldats, comme Alexandre avait fait celle de l'Inde, deux mille ans auparavant. »

(*Inde anglaise,* t. 1er.)

La bataille navale de Salamine obligea Xerxès à battre en retraite ; il laissa en Grèce 300,000 hommes sous les ordres de Mardonius.

Cette armée fut battue, en l'an 479, à Platée, par Pausanias, et le même jour la flotte perse subit un échec décisif à Mycale.

Environ cent cinquante ans après (en l'an 333), l'un des successeurs de Xerxès, Darius Codoman, leva 400,000 fantassins et 100,000 chevaux, pour arrêter la marche d'Alexandre le Grand. Cette armée, de même que les précédentes, formait une masse confuse sans instruction et qui n'était pas même subdivisée en unités tactiques. Il fut impossible de la diriger et de l'engager contre les Grecs, qui avaient des troupes exercées, disciplinées et bien commandées. L'historien Grote dit avec raison que les soldats de ces énormes armées étaient, un jour de bataille, « plutôt *spectateurs* que *combattants*. »

C'est également une sorte de levée en masse qui permit à Attila, roi des Huns, de réunir la formidable armée avec laquelle il eût ravagé l'Europe occidentale, si les Gallo-Romains ne l'avaient arrêté à Châlons, l'an 451 de l'ère chrétienne. La même origine doit être attribuée à l'armée des Arabes Musulmans, qui fut écrasée à Poitiers, l'an 732, par Charles Martel. Dans cette mémorable bataille, où se trouvèrent aux prises l'Asie et l'Europe, le Coran et la Bible, il y eut d'énormes forces engagées. Jamais l'Occident n'avait vu s'entre-choquer de pareilles masses. Il périt des deux côtés, d'après l'historien goth Jornandès, 165,000 hommes.

C'est encore par le service général et obligatoire que fut recrutée l'armée de 700,000 Mongols et Tartares avec laquelle Genghis Khan s'empara en 1209 de Pékin et de tout le pays situé entre cette ville et la mer Caspienne.

A partir de ce moment, on ne vit plus qu'une seule grande armée, formée par la levée en masse, ce fut celle qui permit à Tamerlan, l'un des successeurs Mongols de Genghis Khan, de refaire les conquêtes d'Alexandre dans l'Inde et de battre, en 1401, les Turcs, sous Bajazet, à Ancyre. Dans cette bataille, la première où les Musulmans furent vaincus par les Tartares, il périt 400,000 hommes (1).

Ces armées présentaient le spectacle de masses confuses, sans organisation, ni instruction, ni discipline, et l'histoire nous apprend qu'elles furent battues honteusement chaque fois qu'elles eurent à faire à des troupes exercées, pourvues d'un bon armement et commandées par des généraux habiles.

Ainsi 10,000 Grecs sous Miltiade (2) repoussèrent à Marathon 100,000 fantassins et 10,000 cavaliers Perses, commandés par Datis (3).

Ainsi la petite armée de 4,000 Spartiates avec laquelle Léonidas défendit les Thermopyles (4) arrêta pendant deux jours l'armée de Xerxès et lui fit perdre, au témoignage d'Hérodote, 20,000 hommes.

Ainsi encore 75,000 Grecs (5) sous Pausanias vainqui-

---

(1) *Histoire universelle*, par Cantu, t. XII, p. 76.

(2) D'après Justin; 9,000 d'après Cornélius Nepos. M. Paul Devaux, dans son *Mémoire sur les guerres médiques*, soutient qu'à cet effectif de 10,000 *hoplites* on doit ajouter 10,000 à 12,000 hommes de troupes irrégulières (esclaves, etc.).

(3) C'est l'effectif donné par Cornélius Népos; Pausanias le porte à 300,000, chiffre exagéré; M. Devaux à 65,000.

(4) Les forces totales de Sparte et d'Athènes ne s'élevèrent qu'à 11,200 hommes, d'après Pausanias; ces forces, après le passage des Thermopyles, s'embarquèrent sur la flotte qui, sous Eurybiade et Thémistocle, remporta la victoire décisive de Salamine.

(5) Pausanias avait 40,000 hommes de troupes pesamment armées, 35,000 ilotes (troupes légères) et un nombre proportionné d'esclaves, conduits par chaque division de l'armée : total, 110,000 hommes,

rent, à Platée, 300,000 Perses (l'élite des troupes de Xerxès) commandés par Mardonius.

Cette supériorité de la science sur le nombre éclate surtout pendant les merveilleuses expéditions d'Alexandre. Dans sa deuxième campagne d'Asie, l'armée macédonienne, forte de 40,000 fantassins et de 7,000 chevaux (1), se trouva, à Issus, en présence de 500,000 Perses. Alexandre les attaqua résolûment, les mit dans une déroute complète et fit un grand massacre parmi les fuyards accumulés. Les Perses perdirent 100,000 fantassins et 10,000 cavaliers. Du côté des Macédoniens il n'y eut que 300 fantassins et 150 cavaliers tués.

A la bataille d'Arbèles, livrée deux ans après (331 avant J.-C.) la supériorité des Grecs ne fut pas moins écrasante (2). Darius donna l'exemple de la fuite, et toute l'armée se débanda lorsque seulement le dixième de ses forces avait été engagé. Ses pertes furent immenses, celles des Grecs minimes (3).

Bien que ces grands et décisifs succès doivent être attribués en partie à l'ignorance, à l'indiscipline et à la mollesse des Perses et de leurs alliés, on ne peut nier qu'ils ne témoignent éloquemment en faveur de la supériorité des troupes permanentes de la Grèce.

L'armée de Philippe de Macédoine, père d'Alexandre,

---

(1) C'était la force de l'armée d'Alexandre à Arbèles. D'après Grote, Alexandre n'avait que 30,000 fantassins et 4,500 cavaliers lorsqu'il envahit l'Asie, l'an 334 avant Jésus-Christ.

(2) Arrien porte à 300,000 le nombre de Perses tués, surtout dans la poursuite. Diodore le réduit à 90,000 et Quinte-Curce à 40,000.

Les Lacédémoniens eurent 100 hommes tués d'après Arrien, et 300 d'après Quinte-Curce.

(3) Alexandre avait 47,500 hommes, dont 7,000 de cavalerie, et Darius 600,000 hommes.

était tactiquement la meilleure du temps. Il l'avait rendue *permanente* et, pour la compléter, y avait introduit des mercenaires.

Avant lui, les armées grecques étaient composées de citoyens riches (1), que l'on appelait par la voie du sort et qui rentraient dans leurs foyers après une campagne d'été de quatre ou cinq mois.

A l'époque où le créateur de l'organisation militaire de la Macédoine parut sur la scène, ce parfait modèle de recrutement avait déjà subi la désastreuse influence de la corruption des mœurs et de l'abaissement des caractères.

« A Athènes, dit Grote, et dans la plupart des autres parties de la Grèce, les citoyens étaient devenus opposés à un service de guerre, dur et actif. L'usage des armes avait passé principalement à des soldats de profession... qui servaient partout où une bonne solde leur était offerte (2). »

Les armées de la république romaine furent, comme celles des premiers temps de la Grèce, formées et alimentées par la conscription sans privilége, c'est-à-dire fondée sur le principe du service personnel. Avant Marius, on n'astreignait au service militaire que les hommes libres payant un cens supérieur à 4,000 as (400 francs). L'armée romaine se composait alors des citoyens les plus riches, les plus instruits, les plus dévoués.

Dans l'opinion du législateur romain, « la fortune et la propriété étaient des otages et des garanties pour la répu-

(1) Ils devaient être assez riches pour s'équiper et pourvoir aux frais de la guerre. En échange de ce sacrifice, on leur accordait tous les emplois administratifs et judiciaires et toutes les hautes positions sociales.

(2) L'armée d'Alexandre comptait 5,000 mercenaires. Il y en avait 20,000 à 30,000, d'après Grote, dans l'armée perse, à Issus. C'étaient tous des Grecs.

publique et le fondement le plus sûr de l'amour de la patrie (1). »

A cause de ce recrutement limité, les armées de Rome ne furent pas, eu égard à la population, plus nombreuses que ne l'avaient été celles de la Grèce, mais la qualité des hommes, la supériorité de l'instruction, de l'armement et du commandement leur donnèrent assez de puissance pour vaincre les masses confuses, ignorantes et indisciplinées des barbares. En l'an 346 avant Jésus-Christ, lorsque Rome commença la conquête du monde, elle ne pouvait lever que 45,000 hommes.

« Cette nation, dit Montesquieu, a tiré son éclat et l'armée son mérite de ce que les soldats qui la composaient n'étaient pas d'une classe obligée de sacrifier sa liberté pour assurer sa subsistance. »

Marius corrompit l'esprit aristocratique des légions, en y introduisant des pauvres et des hommes de race affranchie (2), qui communiquèrent à l'armée leurs habitudes de désordre et d'anarchie. Jusque-là le service militaire avait été considéré non comme un devoir, mais comme un droit du citoyen libre. Cette altération de la milice romaine eut pour résultat de transformer l'armée en un instrument

---

(1) VITU, *Histoire civile de l'armée française.*

(2) Le général Bardin prétend qu'après la bataille de Cannes, l'enrôlement des esclaves fut une nécessité; jusque-là, il n'avait été qu'une exception; Marius en fit un principe.

D'après Mommsen, Marius fut obligé d'admettre les prolétaires dans l'armée « parce que les classes les meilleures de la société s'éloignèrent de plus en plus du service militaire et que la classe moyenne et celle des Italiotes diminuaient de plus en plus. » Le même historien fait observer judicieusement que « Marius, en formant *une classe de soldats,* en remplacement des citoyens soldats de la république, fut cause que le service militaire devint graduellement une profession, et que l'armée temporaire fit place à l'armée permanente » (réforme qui s'accomplit régulièrement sous Auguste).

dangereux. Les factions s'en emparèrent, et l'on vit alors l'armée combattre successivement pour César et pour Pompée, pour Antoine et pour Brutus. Quand Auguste monta sur le trône, il trouva l'instrument usé, et jugea nécessaire de le refondre en décrétant la permanence de l'armée (1). « Au lieu de 20 campagnes, séparées quelquefois par de longs intervalles de repos dans ses foyers, le légionnaire devait accomplir vingt années de service effectif, c'est-à-dire vivre vingt années sous la tente et dans les camps retranchés qui étaient les casernes des Romains. » Malheureusement, dans la crainte que le peuple ne s'insurgeât contre son despotisme, Auguste éloigna des légions les citoyens romains et n'y admit plus que les levées des provinces et les mendiants de la cité : mesure fâcheuse, dont Mécène prit la responsabilité. Dion Cassius prétend, en effet, que ce célèbre favori, pour éviter les séditions et les guerres civiles, avait conseillé à son maître de désarmer les citoyens et d'enrôler exclusivement dans ses armées « la portion la plus vigoureuse et la plus forte de la nation, celle que la misère contraignait à vivre de brigandage. »

L'armée permanente cessa donc d'être nationale et elle déclina d'autant plus vite, qu'après Auguste on étendit à toute l'Italie l'exemption qui avait été accordée à la cité, et qu'on n'enrôla plus dès lors que des volontaires et des provinciaux non romains. Or, Tacite nous apprend que l'empereur Tibère se plaignait de ce qu'on ne trouvait plus

---

(1) Auguste assujettit les prétoriens à un service de 12 ans et les légionnaires à un service de 16 ans d'abord, puis de 20 ans. Dans la cavalerie, on ne servait que 10 ans.

de son temps de soldats volontaires autres que « des misérables et des vagabonds. »

La perte de l'esprit militaire eut pour résultat immé-
diat de faire rétrograder la tactique. Sous les empereurs,
il ne restait plus rien des brillantes conceptions ni des
utiles réformes de Scipion, de Marius, de Sylla et de César.

Dès le IVe siècle, on avait altéré complétement la milice romaine, en substituant au principe du service personnel, le principe du recrutement considéré comme une
charge de la propriété foncière. De là à la transformation
du service militaire en impôt direct, il n'y avait qu'un pas,
et ce pas fut vite franchi. Le propriétaire, non-seulement
ne fut plus tenu de servir en personne, mais on le dispensa
même de fournir un nombre de recrues proportionné à
l'étendue de ses domaines, en lui permettant de payer une
certaine somme pour être quitte et libre envers l'État. Au
moyen de cette somme, qui était de 30 à 36 sols d'or (1),
l'État achetait des remplaçants. « Nous ne connaissons
pas, dit M. Vitu, de témoignage plus éclatant de la décadence d'une grande société ni de présage plus certain de
sa dissolution, qui devait s'accomplir dans le siècle suivant. »

A partir de ce moment, il y eut des pillages et des mal-
versations dans les prestations pécuniaires, décadence mo-
rale et physique chez les hommes recrutés. Les soldats
étaient en général ignorants, pillards et lâches; les plus
mauvais étaient les hommes de rebut que fournissaient les
propriétaires, en achetant à prix d'argent la connivence des
officiers recruteurs; les moins mauvais étaient les volon-

---

(1) 36 sols d'or en l'an 375, et 30 sols d'or en l'an 440.

taires qu'enrôlait l'État avec l'argent provenant des rachats.

Un grand nombre de citoyens, pour exempter leurs enfants du service, les rendaient incapables de darder le pilum en leur coupant le pouce de la main droite; et l'État, pour réprimer la désertion, fut obligé de marquer les soldats au front ou sur les mains, avec un fer rouge, afin de pouvoir découvrir plus facilement les coupables.

A partir de Constantin (306) on enrôla dans les armées romaines des Goths, des Vandales, des Sarmates et d'autres barbares. Ce fut le dernier degré de la décadence.

Lorsque, en 406, 250,000 Sarmates, Ostrogoths et Germains du Nord, commandés par Radaghis, se ruèrent sur l'Italie, l'empire romain expirant ne put leur opposer que 30,000 ou 40,000 soldats, plus 30,000 auxiliaires Goths, Huns et Alains, sous les ordres de Stilicon (1). Malgré sa grande infériorité numérique, cette armée, grâce aux troupes permanentes qui en formaient le noyau, vainquit les barbares, en extermina un grand nombre et réduisit le reste en esclavage. Ce fut un des derniers succès des aigles romaines. Bientôt les barbares, victorieux dans la Gaule, inondèrent l'empire et le saccagèrent.

La supériorité des troupes permanentes de Rome sur les armées temporaires des barbares, est démontrée par des faits nombreux et concluants. On sait que le conquérant des Gaules, au moment de pénétrer en Belgique (l'an 57), se trouva en présence d'une coalition des peuplades du Nord, dont les forces, commandées par Galba, s'élevaient

(1) L'enrôlement à l'intérieur, pratiqué par Marius (100 ans avant J.-C.), sauva l'État « au point de vue militaire, dit Mommsen, de même que plusieurs siècles après, Arbogast et Stilicon prolongèrent son existence pour un certain temps, par l'introduction de l'enrôlement étranger. »

à 300,000 hommes. Il n'avait à leur opposer que 24,000 légionnaires, réunis sur l'Aisne, et cette force suffit non-seulement pour abattre tous les ennemis de Rome en deçà du Rhin, mais encore pour tenir en respect ceux qui se trouvaient au delà.

Pendant la septième campagne des Gaules, en l'an 52, Vercingetorix, chef de l'armée des Celtes, s'était réfugié dans Alésia avec 80,000 hommes d'infanterie et 15,000 cavaliers. César l'investit avec la totalité de ses forces (10 légions ou 40,000 hommes environ). Vercingetorix appela toute la nation sous les armes. Après un mois d'attente, 250,000 fantassins et 8,000 cavaliers (1) vinrent assaillir la circonvallation du général romain, en même temps que les assiégés attaquèrent la contrevallation. Le premier assaut ayant été repoussé, l'armée celte quitta le champ de bataille, complétement découragée, et bientôt après, Alésia, abandonnée à elle-même, tomba au pouvoir de César.

Les plus grandes armées de la république romaine ne dépassèrent point 83,000 hommes; celle des consuls Paul Émile et Varron à la bataille de Cannes était composée de 75,000 hommes d'infanterie et de 7,200 chevaux.

Sous Auguste, les forces militaires de l'empire s'élevèrent à 150,000 hommes, au milieu du règne, et à 197,000 hommes vers la fin (2).

---

1) D'après quelques auteurs, Cummius ne porta au secours d'Alesia que 180,000 hommes.

(2) D'après Montveran, Auguste avait 24 légions formant 164,000 hommes ; 12,000 hommes appartenaient aux cohortes prétoriennes, 8,000 aux cohortes urbaines et 153,000 aux cohortes de sujets et d'alliés. Ces dernières étaient, sans doute, les troupes mercenaires, recrutées chez les barbares, qu'Auguste avait pris à sa solde pour garder les frontières de l'empire.

2

Sous Adrien (en l'an 120), l'armée, au dire d'Appian, avait 200,000 hommes de pied, 40,000 cavaliers, 200 chars et 300 éléphants.

L'effectif des forces militaires dépassa 450,000 hommes sous Constantin (vers 320).

Ainsi, à mesure que la qualité des troupes déclinait, leur nombre augmentait et leurs succès devenaient plus rares et plus contestés.

Depuis Auguste jusqu'à Constantin, la défense de la frontière du Rhin n'exigea que 8 légions ou 48,000 hommes ; ces légions étaient campées entre Cologne et Mayence.

Dans la Gaule, 1,200 hommes suffirent, dit Sismondi, pour brider le pays ; et le maximum de forces agissantes dont le Sénat eut besoin pour réduire à l'obéissance le monde alors connu, ne dépassa point 100,000 hommes effectifs.

L'histoire de la Grèce, celle de Rome et de tous les États qui ont joué un grand rôle dans le monde, prouvent que la décadence des mœurs et l'abaissement des caractères ont toujours conduit à la décadence des armées, en y introduisant des éléments impurs (remplaçants ou mercenaires étrangers), des idées de lucre, des habitudes de désordre et une licence contraires aux devoirs et à l'honneur militaires. A son tour, la décadence des armées a toujours réagi sur le système politique, en ouvrant l'ère des troubles et des guerres civiles, laquelle aboutit nécessairement au despotisme, aux mouvements séditieux dans les camps, aux coups d'État militaires, en un mot au règne des Prétoriens.

III.

Après la destruction de l'empire romain, le service général et obligatoire, qui avait produit les grandes armées temporaires des Orientaux et des barbares, et la conscription, qui avait produit les petites armées d'abord temporaires, puis permanentes, des Grecs et des Romains, cédèrent le pas à un mode de recrutement fondé sur la subordination du *client* au *patron*, du *bénéficiaire* au *bienfaiteur* ou du *vassal* au *seigneur* (1), subordination qui donna naissance au vasselage militaire ou à l'obligation d'homme à homme, base du service militaire féodal.

A cette époque, de même que chez les anciens, le service militaire était considéré comme une charge naturelle de la propriété terrienne.

La féodalité produisit de petites armées temporaires de nobles, possesseurs de fiefs (vassaux) ou d'arrière-fiefs (arrière-vassaux), dont la convocation portait le nom de *ban* et d'*arrière-ban*.

Ces armées coûtaient peu au souverain parce que les hommes d'armes devaient se monter, s'équiper et pourvoir à tous leurs besoins, et que c'était seulement après un délai convenu (3 ou 4 mois sous les deux premières dynasties des rois de France et 40 jours à partir du

---

(1) C'est sous les Carlovingiens que le mot *vassal* remplaça dans la langue du droit le mot *leude, fidèle* ou *client*. La subordination du vassal du seigneur entraînait la subordination d'une propriété à une autre, qui est la base du système féodal.

XIe siècle), que leur entretien tombait à charge de la couronne (1).

Ce défaut de permanence des armées eut pour résultat de favoriser les invasions et le brigandage ; témoin la terreur qu'inspiraient au IXe siècle les bandes de Normands, dont la force dépassait rarement 500 hommes. Les plus grandes villes se laissèrent dépouiller par ces bandes, et l'histoire rapporte notamment qu'en 852, l'une d'elles mit en fuite toute la population de Paris.

Peu à peu cependant l'effectif des armées s'accrut par l'enrôlement d'un grand nombre de manants et de serfs (à l'époque des premières croisades), et par l'adjonction des milices communales (au commencement du XIIe siècle).

L'armée qui, sous Godefroid de Bouillon entreprit la première croisade, en 1096, comptait 900,000 hommes, mais si grands étaient le désordre, la confusion et l'indiscipline qui y régnaient, qu'arrivée en Bithynie, elle était réduite à 700,000 hommes et qu'elle ne put amener devant Jérusalem que 50,000 combattants.

L'armée de la deuxième croisade, partie en 1147, ne se composait que de 200,000 hommes ; elle subit un grave échec devant Damas, et rentra honteusement en Europe. Comme celle de la première croisade, elle comptait un grand nombre de manants et de serfs, engagés par les seigneurs en violation du système féodal.

Les enrôlements salariés furent une conséquence de ces expéditions lointaines. En effet, le droit féodal n'imposant

---

(1) Les Institutions de saint Louis portent qu'après quarante jours le baron et l'homme du roi (propriétaire noble dont le fief est situé dans le domaine royal) ne sont plus tenus de servir à leurs dépens et peuvent s'en retourner, à moins que le roi ne les prenne à sa charge pour défendre le royaume. (Ils pouvaient refuser de suivre le souverain hors du royaume.)

pas le service au dehors du royaume, les seigneurs devaient défrayer leurs vassaux en leur allouant une solde, et comme celle-ci n'était pas toujours régulièrement payée, l'indiscipline et la mutinerie commencèrent dès lors à s'introduire dans les armées.

Plus tard l'appoint de la féodalité fut emprunté aux milices communales, qui introduisirent dans l'armée l'élément bourgeois et plébéien.

On transforma aussi, de plus en plus, le service militaire en subsides, de sorte que l'enrôlement à prix d'argent, peu connu sous les deux premières races des rois de France, prit sous la troisième un développement considérable.

La plus grande armée composée de troupes féodales et de milices communales qui ait paru sur les champs de bataille, est celle que le comte de Flandre, ligué avec l'empereur Othon, les Anglais, le comte de Boulogne et le duc de Brabant, opposa à Philippe-Auguste dans les plaines de Bouvines, en 1214. Elle comptait 150,000 hommes, dont 10,000 seulement étaient de la cavalerie féodale. Philippe-Auguste l'écrasa avec une armée moitié moins nombreuse, mais dans laquelle il y avait beaucoup de troupes à cheval.

L'armée qui sous Philippe de Valois envahit la Flandre en 1347, et qui se porta ensuite au secours de Calais, assiégé par Édouard III d'Angleterre, comptait 35,000 chevaux et 100,000 hommes de pied (1).

A la bataille d'Azincourt, livrée en 1415, il n'y avait, du côté des Français, que des troupes féodales, les commu-

---

(1) KERVYN DE LETTENHOVE. *Histoire de Flandre*, t. III, p 323.

niers s'étant trop mal conduits dans les combats anté-
rieurs, notamment à Crécy et à Poitiers (1). Ce grand
effort de la noblesse française contre le roi d'Angleterre ne
produisit qu'une armée de 100,000 hommes. C'était plus
qu'elle n'avait pu opposer aux communes flamandes à
Courtrai, en 1302 (2), et plus que n'avait donné la convocation du ban et de l'arrière-ban sous Philippe le Bel (3).

Une des dernières armées féodales, fut celle qui com-
battit, sous Charles le Téméraire, à Granson ; elle ne comptait que 40,000 hommes, dont 18,000 cavaliers des compagnies d'ordonnance.

Les gentilshommes pauvres étaient exempts du service,
en vertu du principe ancien que celui qui ne possède rien
n'a rien à défendre et ne doit être tenu à rien. Plus tard,
on recruta parmi eux les mercenaires. Cette classe, qui
comprenait également des non nobles, — gens des villes
et des campagnes, — s'accrut peu à peu, à mesure que
la classe des fieffés s'affaiblit par les guerres intes-
tines (4).

---

(1) Le lendemain de cette dernière bataille, 80,000 hommes des communes
françaises furent écrasés par 600 lances et 2,000 archers anglais.

(2) La chevalerie française avait à Courtrai une armée de 58,000 hommes.

(3) Cette convocation ne donna au roi de France que 80,000 hommes.

(4) Les premiers *salariés* furent des nobles. Déjà en 1271, dit M. Vitu, il y avait
un grand nombre de fiefs qui ne devaient le service militaire qu'à condition de
recevoir une solde.

Sous Philippe le Bel, au commencement du XIVe siècle, le service des fiefs se
transforma d'une manière presque générale en service salarié.

Les *mercenaires,* c'est à-dire ceux qu'on enrôlait à prix d'argent dans le pays
d'abord, puis à l'étranger (et qu'il ne faut pas confondre avec les *salariés,* qui
étaient obligés de servir), sont d'une origine plus ancienne. Il y avait déjà des
mercenaires étrangers dans l'armée de Robert le Frison en l'an 1070 : c'étaient
des archers anglais. En 1280, Guy de Dampierre avait à sa solde des piquiers allemands pour châtier les villes de Flandre. Depuis lors, il y en eut dans toutes les
armées, jusqu'à la fin du XVIIIe siècle.

Pour mettre un terme à ces guerres, qui affaiblissaient leur autorité, les rois s'appuyèrent sur les communes, qu'ils se rendirent favorables en leur octroyant des chartes d'affranchissement, en vertu desquelles elles pouvaient lever des milices et construire des remparts. Ces milices avaient fait leur apparition vers le milieu du XIe siècle (1); elles gardaient les villes, les protégeaient contre les violences des châtelains et des nobles, et étaient tenues de suivre leur seigneur en guerre, mais à condition de pouvoir rentrer le soir. Quelques communes accordaient au seigneur le droit de retenir plus longtemps les milices, en leur payant une solde, après 1 ou 2 jours de service; celles qui n'avaient d'autre seigneur que le roi, devaient à celui-ci le service féodal complet de 40 jours.

Les milices communales disparurent, après trois siècles, avec l'armée féodale dont elles avaient été le complément (2). En France, où elles avaient montré généralement peu de consistance, de bravoure et de dévouement, elles furent supprimées sous Charles VII.

Avant cette époque l'ordre était fréquemment troublé par des bandes d'aventuriers nationaux et étrangers (*cotereaux* et *routiers*) que l'on voit figurer dans les armées françaises dès le commencement du XIIe siècle (3). Ces bandes se

---

(1) La commune de Bruges (une des plus anciennes) fut établie par Baudouin IV.

(2) L'importance des milices communales diminua graduellement, à partir de l'avénement de la maison de Bourgogne. L'indiscipline neutralisa l'effet de leur nombre et de leur courage. Elles manquaient aussi d'instruction, et leur service limité était cause que le prince qui les employait voyait souvent échouer ses entreprises au moment même où il touchait au succès.

(3) Ces mercenaires furent surtout recherchés par les souverains à l'époque où, luttant contre l'hostilité des grands vassaux, jaloux de l'autorité royale, ils ne pouvaient plus compter sur l'appui des milices communales, trop faibles ou mal dis-

comportèrent vaillamment dans plusieurs circonstances, notamment à la bataille de Bouvines; mais comme elles se recrutaient de gens sans aveu, on ne pouvait compter ni sur leur fidélité ni sur leur obéissance. En 1360, les compagnies de routiers servirent tour à tour le roi d'Angleterre, le roi de France et le comte de Montfort. Dès lors on vit des troupes entières déserter les drapeaux et passer à l'ennemi avec armes et bagages.

Pour faire cesser ce fléau, Charles V institua les *compagnies d'ordonnance,* ou l'armée régulière. Il assura même la permanence de quelques-unes de ces compagnies. Son petit-fils, Charles VII, rendit permanente toute l'armée régulière en 1438 (1); cependant l'ordonnance qui fixa le nombre des compagnies à 15 (2), et organisa le système des *tailles royales,* ne parut qu'en 1445. Dès ce moment « l'agriculture se releva et le travail reprit ses droits. Ce que l'autorité royale et les foudres de l'église (3) n'avaient pu faire, l'armée permanente le réalisa (4). »

---

posées pour eux. D'après quelques historiens, ce furent les Brabançons qui fournirent les premiers routiers, en 1159.

(1) Par la célèbre *ordonnance de Blois,* adressée à tous les baillis du royaume; L'année suivante (1439), les états généraux approuvèrent en principe la création d'une armée permanente et votèrent une taille de 1,200,000 livres par an pour l'entretien de cette armée.

Charles le Téméraire *créa 8 compagnies d'ordonnance* en 1471. Deux ans après, les États de tous les pays sous sa domination accordèrent une *aide de* 500,000 écus, payable par tous, sans exception, pour l'entretien de ces troupes permanentes. La même année, Charles porta à 22 le nombre des compagnies : chaque compagnie se composait de 100 lances, et chaque lance, de 1 homme d'armes, 3 archers, 3 hommes à pied, 1 coutillier et 1 page.

On doit à Charles le Téméraire la première ordonnance sur l'exercice des troupes.

(2) Chaque compagnie se composait de 100 lances et chaque lance de 6 hommes.

(3) En l'an 1179, le concile de Latran avait lancé l'anathème contre ces troupes sans foi ni loi.

(4) M. Vitu.

Rien de plus navrant, dit un historien, que le tableau de la France avant cette lutte de la force organisée contre le brigandage. Les meilleurs capitaines étaient à la tête des bandes, qui avaient pris le nom d'*écorcheurs :* témoin de Chabannes, La Hire, Listrac, Xaintrailles, le bâtard d'Armagnac et presque tous les compagnons de la Pucelle.

Les *routiers* pillaient les campagnes, prenaient même les villes d'assaut, pour y lever des impôts, s'emparaient des notables et des riches, et ne les relâchaient qu'à prix d'argent.

« La cause principale, pour ne pas dire unique, de ces épouvantables désordres, au sein desquels la France faillit redevenir sauvage, c'est que l'organisation militaire reposait sur des enrôlements soldés et que la solde n'était plus payée (1). »

Une ordonnance des états généraux, de 1439, permet d'apprécier exactement la situation de l'armée à cette époque. Elle défendait aux capitaines de gendarmes de piller et de voler (art. 6), de prendre et de rançonner les laboureurs, voituriers, etc. (art. 7), d'enlever le bétail (art. 8), de détruire les denrées et d'enfoncer les barriques de vin (art. 9), de couper les vignes et les arbres (art. 11), d'allumer des incendies (art. 13), d'abattre les couvertures des maisons (art. 14), etc., etc...

Mais les routiers résistèrent à toutes ces ordonnances. Il fallut les détruire et les expulser par la force. Ce résultat fut assuré par la création des compagnies d'ordonnance, qui inaugurèrent l'établissement définitif de l'armée fixe et

---

(1) M. Vitu.

permanente, des garnisons permanentes et de l'impôt permanent (1).

Les compagnies d'ordonnance étaient une milice aristocratique, à laquelle se joignaient, en temps de guerre, des nobles non engagés, qui recevaient alors la paye des gendarmes d'ordonnance. Indépendamment de cette armée féodale, Charles VII, pour remplacer les milices communales supprimées, forma une infanterie roturière connue sous le nom de *francs-archers*. Cette infanterie, composée d'hommes fournis par les paroisses, était à la solde du Roi, mais en temps de guerre seulement (2). A raison d'un homme par 50 feux, la France, qui avait à cette époque 15 millions d'habitants, aurait pu fournir 60,000 francs-archers.

Les résultats que produisirent ces utiles réformes de Charles VII furent très-remarquables. Voici en quels termes les signale l'auteur de l'excellente *Histoire civile de l'armée française*. « Les frontières et les routes devinrent, en deux mois, plus sûres qu'elles ne l'avaient été à aucune autre époque de notre histoire. L'agriculture et le commerce sortirent du néant, les déserts se peuplèrent. Une vie nouvelle reparut sur le sol français, jonché de tant de ruines, arrosé de tant de sang généreux. C'est comme une renaissance, un printemps, une aurore. »

Tous les annalistes du XVᵉ siècle s'expriment dans le

---

(1) M. Vitu fait remarquer judicieusement que la réorganisation militaire opérée par Charles VII eut pour conséquence la réorganisation financière de la France.

(2) Par l'ordonnance de 1448, chaque paroisse devait fournir un homme, choisi parmi les plus capables. Cet homme devait s'équiper et, s'il ne le pouvait pas, la paroisse intervenait. Il était astreint à des exercices et à des revues mensuelles.

même sens, notamment Thomas Bazin et Mathieu de Coucy.

Sous Louis XI l'armée française avait 9,000 cavaliers des compagnies d'ordonnance, 10,000 hommes d'infanterie nationale (tenant lieu des francs-archers que le roi avait supprimés) et 6,000 hommes d'infanterie suisse, en tout : 25,000 hommes (1).

L'effectif des armées s'accrut, mais faiblement, sous François Ier et Henri II en France, sous Charles-Quint en Allemagne, en Italie et en Espagne.

En 1525, François Ier dut faire un grand effort pour opposer, en Italie, 30,000 hommes à l'armée impériale, commandée par Pescara. Celle-ci remporta une victoire décisive à Pavie, bien que forte seulement de 20,000 fantassins, 700 hommes d'armes et 500 chevau-légers.

En 1532, Charles-Quint, menacé par 200,000 Turcs, sous les ordres de Soliman, ne put réunir que 70,000 hommes, y compris les Espagnols de l'armée d'Italie et les Italiens que l'empereur et le pape avaient à leur solde. Ce fut sa plus grande armée. En 1535, dans l'expédition contre Tunis, il n'avait que 30,000 hommes (2), embarqués sur 500 navires. Dix ans après, quand les Confédérés se jetèrent en Allemagne avec 85,000 hommes, il ne put leur opposer que 30,000 fantassins et 9,000 cavaliers. Enfin, dans sa grande expédition contre Metz, les forces totales de son armée ne dépassèrent pas 60,000 combattants.

---

(1) C'est l'effectif que Louis XI opposa à la *ligue du bien public* et à Charles le Téméraire.

Mazas prétend que l'effectif maximum de l'armée française, sous Louis XI, atteignit le chiffre de 65,000 hommes, dont 18,000 de cavalerie, mais ce chiffre semble exagéré.

(2) 20,000 hommes, d'après quelques historiens.

Le général Bardin évalue à 41,000 hommes, levés en grande partie à l'étranger, l'effectif total de l'armée française à cette époque (1558).

De 1600 à 1609, Henri IV n'eut sur pied que 4,100 hommes d'infanterie et 2,637 hommes de cavalerie, plus 3,000 hommes formant le noyau de quelques régiments d'infanterie, réformés après la guerre de Savoie et servant à garder les châteaux ou citadelles (1).

Lorsque, en 1610, il se brouilla avec la maison d'Autriche, à l'occasion de la succession de Clèves et de Juliers, le duc de Sully prit des mesures pour porter l'armée française à l'effectif de 49,600 hommes, savoir :

1,000 gentilshommes volontaires,

4,600 hommes de cavalerie,

25,000 hommes d'infanterie,

1,000 hommes de réserve de cavalerie,

20 canons, 6 coulevrines et 4 bâtardes.

L'armée du maréchal Lesdiguières, destinée à seconder les princes d'Italie, comptait :

2,000 hommes de cavalerie,

12,000 hommes d'infanterie,

10 canons.

Les garnisons étaient fixées à 4,000 hommes.

Total, 49,600 hommes (2).

A cette époque, les autres États avaient relativement

---

(1) *Recherches sur la force de l'armée française* (depuis Henri IV jusqu'en 1805), ouvrage composé d'après des documents officiels et publié à Paris en 1806.

(2) Sous Henri IV, on pratiquait une espèce de *presse* pour avoir des soldats. Sully nous montre les Français de ce temps ne marchant aux armées que courbés sous le bâton et menacés du gibet. Longtemps après, ce même mode de recrutement était encore en vigueur, comme nous le verrons plus loin.

encore moins de troupes sous les armes. On en aurait eu la preuve si la mort n'était venue arrêter Henri IV dans l'exécution de son projet d'abaisser à la fois la branche allemande et la branche espagnole de la maison d'Autriche. En vue de ce grand dessein que Richelieu, Mazarin et Louis XIV réalisèrent partiellement dans la suite, Henri IV s'était allié avec Venise, le pape, la Toscane, la Savoie et tous les États protestants du reste de l'Europe. Les mémoires de Sully nous apprennent que ces États s'étaient engagés à lui fournir, en tout, 128,000 hommes, 17,000 chevaux et 108 canons.

A partir de 1620, Louis XIII augmenta graduellement les forces militaires de la France. En 1635, elles se composaient de cinq armées d'un effectif total de 100,000 hommes, dont 18,000 de cavalerie. Cet effectif fut maintenu jusqu'au traité de Munster, en 1648.

Pour le tenir au complet on avait été obligé de recourir à des moyens extrêmes; témoin l'ordonnance de 1636 qui supprima temporairement les travaux de bâtisse afin de déterminer les maçons à se faire soldats, et l'ordonnance de 1643 (reproduction d'une ordonnance de François Ier) qui recommanda « d'enrôler par préférence *et de force* les vagabonds, gens sans aveu et fainéants. »

Le désir d'abaisser les maisons d'Autriche et d'Espagne, qui avait engagé Henri IV à porter son armée à près de 50,000 hommes, et Louis XIII à doubler ce nombre, détermina Louis XIV à atteindre le chiffre de 131,000 hommes en 1668, après la paix d'Aix-la-Chapelle, et celui de 176,000 en 1672, au début de la guerre contre la Hollande (1).

---

(1) *Recherches*. etc.

Nous touchons ici à la grande et principale cause de l'accroissement successif et, selon nous, exagéré des armées permanentes. Il convient de nous y arrêter un instant, pour l'apprécier exactement et en indiquer les premiers effets.

Louis XIV avait une ambition immodérée, qui se trahit par ces mots, qu'il adressa au maréchal de Villars : *S'agrandir est la plus digne et la plus agréable occupation d'un souverain.* « La pensée première de son règne, dit Henri Martin, fut de prendre le traité des Pyrénées comme un point de départ vers des agrandissements ultérieurs aux dépens de la monarchie espagnole. Cette pensée est la continuation de la *politique nationale,* puisque la France n'a point atteint, par le traité des Pyrénées, les bornes de son *développement naturel* et que l'Espagne détient encore plusieurs provinces *sur le sol Gaulois* (1). »

Ainsi « refaire France ce qui avait été Gaule, » telle fut la principale préoccupation du Roi. Ce projet qui avait séduit Henri IV au moment où il tomba sous le fer d'un assassin, et que Richelieu comptait réaliser lorsqu'il entama, en 1635, sa grande lutte contre la maison d'Autriche, ce projet, accepté et encouragé par la nation française, laquelle voulait être non-seulement *grande,* mais *prépondérante,* inspira et dirigea toutes les actions du plus orgueilleux des souverains, du plus ambitieux et du plus implacable des ministres (2).

---

(1) T. XIII, p 275.

(2) Ce projet eût été avouable et utile à l'Europe si les États de Charles-Quint étaient restés soumis au même sceptre et à la même direction. Le puissant empereur avait détruit, en effet, à son profit, l'équilibre politique et créé une situation peu tolérable pour les autres États et surtout pour la France. Mais sous ses faibles successeurs, les deux grandes fractions de l'empire ne pouvaient causer les mêmes alarmes ni faire naître les mêmes inquiétudes. La France, par consé-

Pour atteindre leur but, Louis XIV et Louvois ne reculèrent devant aucun sacrifice ni devant aucun excès de pouvoir; ils ne s'arrêtèrent pas même lorsqu'ils virent la France épuisée, ruinée, mutilée!

« Après la paix de Nimègue (1679), dit M. Martin (1), Louis ne veut plus seulement le *complément naturel de la France;* il n'assigne dans sa pensée aucune borne à l'extension de sa puissance. Il est obsédé par le rêve funeste de l'empire. En 1680 le corps de Paris achève de l'enivrer en lui décernant solennellement le titre de *Louis le Grand.* »

En faisant peser sur les autres nations l'ascendant le plus impérieux et le plus accablant qui eût jamais été exercé en Europe, la France amassa contre elle de terribles ressentiments, et provoqua une réaction qui bientôt éclata de toutes parts avec une intensité sans égale. L'odieuse conduite du roi envers la Hollande (2) révolta le sentiment public dans le monde entier. L'incendie du Palatinat chassa de leurs foyers 100,000 habitants qui vinrent demander vengeance à l'Allemagne. Les dragonnades et la révocation de l'édit de Nantes peuplèrent l'empire, la Hollande et l'Angleterre d'autres malheureux, qui manifestaient les mêmes ressentiments.

---

quent, n'avait plus le droit de se dire menacée par la suprématie de la maison d'Autriche, ni surtout le droit de chercher à substituer sa suprématie à celle de l'empire de Charles-Quint, dont les deux fractions pouvaient sans doute s'unir encore, mais que des intérêts opposés ou divergents pouvaient aussi déterminer à se combattre.

(1) T. XIII, p. 568.

(2) C'est Louvois qui rédigea et fit accepter par Louis XIV la déclaration du 14 juin 1672. par laquelle il menaçait les villes hollandaises *de ne leur donner aucun quartier* « si elles tâchent de résister aux forces de Sa Majesté par l'inondation de leurs digues ou autrement. » Il ordonna les dévastations du Palatinat et contribua à la révocation de l'édit de Nantes.

Ainsi menacée, par ses propres fautes, d'une coalition européenne, la France dut augmenter l'effectif de ses armées à mesure que croissait le nombre de ses ennemis. Pour faire face à la ligue d'Augsbourg, formée en 1687, Louis mit sur pied une armée double de celle qu'il avait dirigée, en 1672, contre la Hollande. Pendant cette guerre, qui se termina en 1697 par la paix de Ryswick, son armée atteignit l'effectif de 396,000 hommes (1).

Le même effectif, à peu près, fut maintenu durant les guerres de la succession, de 1701 à 1713 (2).

Ces guerres épuisèrent tous les États et les obligèrent à contracter des dettes énormes; mais elles furent particulièrement désastreuses pour la France, dont la misère n'était pas moins hideuse parce qu'on l'avait parée de lauriers. Elle s'était véritablement épuisée à vaincre, et, comme le remarque l'auteur du Siècle de Louis XIV : « on périssait de misère au bruit des *Te Deum.* »

La population qui, en 1685, s'élevait de 22 à 23 millions était tombée à 19 1/2 millions, en 1700 (3).

Le 29 mai 1675, le gouverneur du Dauphiné écrivait à Colbert « que le commerce cessait absolument dans sa province et que la plus grande partie des habitants n'avaient reçu, pendant l'hiver, que du pain fait avec des glands et des racines; que présentement on les voyait manger l'herbe des prés et l'écorce des arbres (4). »

Peu de temps après, Locke, voyageant dans le Langue-

---

(1) *Recherches,* etc.

(2) L'auteur des *Recherches,* etc., porte l'effectif, pendant ces douze années, à 392,000 hommes.

(3) Cela est constaté par les Mémoires des intendants.

(4) Ces résultats étaient dus en partie à un hiver exceptionnellement rigoureux, qui avait détruit le bétail et causé un énorme préjudice à l'agriculture.

doc, constata que les fermages des terres avaient diminué de moitié depuis le commencement de la guerre. En 1710, le trésor ne vivait plus que d'expédients. « Pour avoir de l'argent, les intendants enlevaient jusqu'aux dépôts publics. On ne pouvait plus faire le service qu'en escroquant de tous côtés... C'était la banqueroute universelle de la nation (1). »

Les ponts, les chaussées et les chemins étaient dans un état de dégradation presque générale (2). La pêche était ruinée et les populations frontières succombaient sous le poids des contributions, des logements militaires et des réquisitions. Les propriétaires fonciers ne touchaient plus en Flandre qu'un tiers de leur revenu, etc. (3).

Tout concourait à donner à la misère des proportions effrayantes, le manque de bras que la guerre enlevait aux travaux des champs, les mauvaises mesures économiques, les folles dépenses de la cour et les désordres administratifs de toute espèce.

Vauban disait, dans sa *Dîme royale*, rédigée après la paix de Ryswick : « Près de la dixième partie du peuple est réduite à mendier, des neuf autres parties, cinq ne peuvent faire l'aumône à celle-là, dont elles ne diffèrent guère ; trois sont fort mal aisées, la deuxième ne compte pas plus de 100,000 familles, dont il n'y a pas 10,000 fort à leur aise. »

En 1715 la situation du crédit public était telle, que le ministre, pour avoir 8 millions, fut obligé de donner 32 millions de billets aux traitants. « L'usure, dit un historien

---

(1) Henri Martin, t. XIV, p. 528.
(2) Henri Martin, t. XIV, p. 331.
(3) Voir les Mémoires des intendants.

français (1), règne sur les ruines de la société. Des émeutes éclatent pour les vivres dans le peuple et même dans l'armée. Les manufactures sont languissantes ou fermées ; la mendicité forcée dévore les villes. Les campagnes sont désertes, les terres en friche faute d'outils, faute d'engrais, faute de bestiaux ; les maisons tombent en ruine. La France monarchique semble près de finir avec son vieux roi. »

Ce vieux roi, qui avait dédaigné les sages conseils de Colbert et de Vauban, reconnut ses fautes à l'heure suprême, en disant au Dauphin (son arrière-petit-fils) :

« J'ai trop aimé la guerre, ne m'imitez pas en cela, non plus que dans les trop grandes dépenses que j'ai faites. »

Louis XIV a-t-il au moins fait progresser l'art de la guerre par tant de folles et coupables entreprises ?

Je ne le pense pas ! En poussant à l'exagération des armées permanentes et en ruinant les finances, il créa une situation qui rendit la tâche de ses généraux de plus en plus difficile et quelquefois même impossible.

La principale difficulté résidait dans le recrutement, qui se faisait à prix d'argent et par l'emploi de moyens indignes d'une nation civilisée.

Les mémoires du maréchal de Villars prouvent cependant que vers la fin du règne les régiments avaient à peu près leur effectif au complet, parce que la misère en dépeuplant les campagnes peuplait l'armée ; mais si les hommes étaient abondants tout le reste manquait. Point d'habits, point de provisions, point d'armes. On voyait des soldats vendre jusqu'à leurs fusils, pour ne pas mourir de

---

(1) Henri Martin, t. XIV, p. 597.

faim. Le maréchal affirme qu'il n'eut jamais de pain pour plus de vingt-quatre heures d'avance.

Malgré l'appoint que la misère publique fournissait à l'armée, il est constaté que durant tout le règne de Louis XIV, il fallut enrôler des soldats par la force, la ruse ou la corruption, contrairement à l'ordonnance de 1692 qui avait prohibé tout enrôlement de cette espèce.

Lemontey dit, dans son remarquable *Essai sur l'établissement monarchique de Louis XIV* : « On vit la cour délivrer des commissions à plusieurs capitaines, après les désastres de Ramillies, pour se former des compagnies par tous les moyens de la force et de la ruse, et ces aventuriers, poursuivant leur proie dans les forêts et les vallées les plus profondes, enrégimenter sans autre forme les laboureurs capturés et livrés comme de misérables Africains à des chasseurs d'hommes. »

Le racolage se faisait à Paris dans des maisons appelées *fours*, où l'on enfermait les victimes. Il y avait encore beaucoup de ces maisons au siècle dernier.

Nonobstant l'emploi de ces moyens odieux, il fut impossible, sous Louis XV et jusqu'à l'époque de la révolution française, d'atteindre l'effectif prescrit par les *ordonnances de composition de l'armée*, et de réparer les pertes causées par la guerre. Pour combler le déficit, il fallut recourir aux mercenaires étrangers, dont le nombre s'élevait encore à 26,000 à la fin du règne de Louis XVI (1).

La qualité des troupes ayant diminué et les difficultés du commandement s'étant accrues à mesure que l'effectif

---

(1) La loi fondamentale des 28 février-21 mars 1790 stipula que l'effectif des troupes étrangères, dans l'armée française, ne pourrait pas dépasser 26.000 hommes. La *Convention* nationalisa les corps étrangers, en 1792.

des armées augmentait, les opérations, vers la fin du règne
de Louis XIV, étaient devenues moins rapides, les plans
de campagne moins audacieux, les mouvements sur les
champs de bataille moins prompts et moins décisifs qu'ils
ne l'avaient été du temps de Condé et de Turenne. Les
meilleurs généraux de l'époque, les Créqui, les Vendôme
et les Villars se montrèrent inhabiles à manier les lourdes
masses qu'on leur avait confiées (1). Seul, le maréchal de
Luxembourg en sut tirer un parti convenable.

« Il semble, dit Henri Martin, que les résultats s'amoin-
drissaient à mesure que les armées augmentaient. On était
déjà loin du temps où Turenne obtenait de si prodigieux
succès avec 20,000 ou 30,000 hommes (2). »

L'art de la guerre ne doit donc rien à la création des
grandes armées. Les progrès qu'a faits cet art, depuis
l'institution des troupes permanentes jusqu'à la mort de
Louis XIV, sont dus uniquement au génie militaire des
Nassau, de Condé, de Turenne et de Gustave-Adolphe.

Après la guerre de la succession, aucune puissance n'osa
prendre la responsabilité d'un désarmement de quelque
importance.

Sous Louis XV, il y eut même une année où l'effectif de
l'armée française dépassa de 5,000 hommes l'effectif le plus
élevé qui eût été atteint sous Louis XIV. C'était en 1741,
au moment où la France se déclara contre Frédéric II.
Elle avait alors 401,000 hommes sous les armes.

Pendant la guerre de Sept ans, l'effectif descendit à

(1) La plus grande et la plus sanglante bataille du siècle de Louis XIV fut celle
de Malplaquet, où 130,000 alliés, sous Marlborough et le prince Eugène, rem-
portèrent une victoire signalée sur 118,000 Français, commandés par Villars.

(2) *Histoire de France*, t. XIV, p. 178.

330,000 hommes, non compris 7,000 hommes de milices bourgeoises levées pour servir à l'intérieur du royaume. La Russie, la Prusse, l'Autriche n'avaient à cette époque que 700,000 hommes en tout. Les forces de la Hollande s'élevaient à 40,000 hommes et celles de l'Angleterre à 45,800 hommes, plus 35,000 hommes de milice, levés en 1756.

En 1787, un an après la mort de Frédéric II, la Prusse avait 182,600 hommes sous les armes, dont 55,000 de cavalerie (1). A la moindre apparence de guerre, cet effectif pouvait être porté à 250,000 hommes (2), bien que la population du royaume ne fût que de 5,000,000 d'habitants.

A cette époque, la force de l'armée française était descendue à 162,000 hommes.

Le 14 juillet 1789, son effectif organique comportait, sur le pied de paix, 228,000 hommes, dont 55,000 de *troupes permanentes* (3), et, sur le pied de guerre, 287,000 hommes, dont 76,000 de troupes permanentes (4).

En 1792, la France menacée par 300,000 Prussiens, Anglais, Autrichiens, Saxons, Hanovriens, Hollandais, Espagnols et Piémontais (5), ne put opposer à ces forces

---

(1) D'après quelques auteurs, la Prusse, à l'époque de sa plus grande puissance (au commencement de la guerre de Sept ans), n'avait que 150,000 hommes sous les armes. Von Ludinghausen dit que Frédéric II laissa à son successeur une armée de 200,000 hommes pour une population de 5 millions d'âmes.

(2) *Recherche sur la force de l'armée française*, etc.

(3) Les régiments de *milice provinciale*, qui formaient la partie restante de l'armée, avaient été créés en 1688 et avaient pris, en 1771, le nom de *troupes provinciales*. Ils étaient devenus permanents en 1726.

(4) *Archives du dépôt de la guerre.*

(5) D'après Jomini, l'Autriche avait, en 1792, 240,000 soldats; la Prusse, 160,000; les cercles de l'Empire, 50,000 à 80,000; la Hollande, 45,000. L'Angle-

que 225,000 hommes (1); mais le 20 juillet de cette année, l'*Assemblée législative* décréta que l'armée serait portée à l'effectif de 440 à 450 mille hommes par des enrôlements volontaires; et le 16 août de l'année suivant la *Convention* vota une levée en masse de 300,000 hommes.

Le 3 décembre 1793, les hommes réellement présents à leur corps étaient au nombre de 528,300. En août et septembre 1794, cet effectif monta à 732,400 hommes (2). Il tomba à 484,300 hommes en 1795 et à 422,000 en 1796.

Deux ans après, le corps législatif décréta le principe du service obligatoire, pour les hommes valides de 20 à 25 ans.

Sous Bonaparte, premier consul, en 1801, la France avait sous les armes 414,700 hommes, effectif qui resta à peu près constant jusqu'en 1805.

A partir de cette année, Napoléon devenu tout-puissant ne se contint plus. Sa vaste ambition lui suggéra le projet chimérique de poser sur sa tête la couronne de Charle-

---

terre pouvait fournir à la coalition 30,000 hommes; le Piémont, 30,000; l'Espagne, 140,000 : total, 595,000 à 625,000 hommes.

La France, toutefois, n'eut à combattre immédiatement dans les Pays-Bas que 100,000 Autrichiens, 50,000 Prussiens, 12,000 Hessois et 10,000 émigrés : total, 172,000 hommes.

(1) D'après Servan, la France, au moment où la coalition lui déclara la guerre, n'avait que 133,000 hommes, non compris l'artillerie, à laquelle il manquait 4,000 hommes sur 9,000.

(2) Dubois de Crancé disait, dans son rapport du 6 février 1795, que la France avait eu sous les armes, pendant la campagne précédente, près de 1,100,000 hommes; mais ce chiffre était exagéré, parce qu'il ne tenait pas compte de la désertion qui avait considérablement diminué les effectifs. D'après Servan, la force maximum (atteinte à la fin de 1794) n'était que de 749,545 hommes.

magne et de faire du monde une monarchie universelle (1).
La résistance générale que cette ambition provoqua mit
l'empereur dans la nécessité d'augmenter considérablement les forces militaires de la France et de se préparer
à une guerre de longue durée. Il trouva du reste la nation
prête à le suivre dans cette voie, parce que la coalition
avait blessé son orgueil en attaquant la révolution sur son
terrain, et que la République avait flatté ses instincts belliqueux en soutenant que, pour assurer l'indépendance
de la France, il était nécessaire de donner à ce pays *son
développement naturel*, la limite du Rhin, et de l'entourer
de républiques vassales.

A ses débuts, la France révolutionnaire n'eut aucun
projet de conquête, et l'Assemblée constituante se montra
même franchement pacifique. Elle ne voulait avoir sous les
armes que 243,000 hommes en temps de paix et 310,000
en temps de guerre. Ces chiffres étaient justifiés par le
titre VI de la constitution de l'an 1791, ainsi conçu ;

« La nation française renonce à entreprendre aucune
guerre dans la vue de faire des conquêtes et n'emploiera
jamais ses forces contre la liberté d'aucun peuple. »

Lorsque la *Constituante* céda la place à la *Législative*
(le 30 septembre 1791) la force de l'armée ne s'élevait
en réalité, d'après Servan, qu'à 146,000 hommes (2).

---

(1) Lorsque le corps de Lannes, après la capitulation de Prenslow, se trouva en
face de la mer du Nord, les soldats firent, pour la première fois, retentir le cri de
Vive l'empereur d'Occident! « Leur enthousiasme, dit M. Thiers, avait deviné
l'ambition de Napoléon. »

(2) On lit dans le rapport présenté le 21 novembre 1792 par Rabaud-Saint-
Étienne, au nom du comité de constitution et du comité militaire : « L'armée permanente n'a pas besoin d'avoir plus de 150,000 hommes; mais en prévision d'une

Bientôt après, la Convention, attaquée par l'Europe coalisée, porta cet effectif à 732,000 hommes. On n'avait pas encore atteint un chiffre aussi élevé en Europe, depuis l'institution des armées permanentes.

Il était réservé à Napoléon de dépasser cette limite. Enivré par ses premiers succès et n'ayant plus de comptes à rendre ni de contrôle à subir, le vainqueur d'Austerlitz, d'Iéna et de Wagram, fit, au commencement de 1812, des préparatifs immenses pour envahir la Russie.

Cette année, dit M. Thiers, la France mit sur pied « la plus grande de toutes les armées régulières qui aient jamais existé, la plus grande qu'on eût vue depuis les conquérants barbares. »

Napoléon passa le Niémen avec 423,000 hommes (non compris 30,000 Autrichiens employés loin du théâtre des opérations). Sur les derrières de cette armée, se trouvait une *armée de réserve* de 130,000 hommes, non compris 40,000 malades et 12,000 hommes répandus dans divers postes. Il restait en France dans les dépôts 150,000 hommes, en Italie, 50,000, en Espagne, 300,000 : total 1,135,000 dont 875,000 français (1).

Sur les 648,000 hommes dont l'empereur pouvait disposer pour les opérations actives contre la Russie, 535,000 envahirent le territoire ennemi ; au passage de la Béré-

---

attaque des puissants voisins, elle doit avoir derrière elle *une armée auxiliaire* de 100,000 hommes, tirée des 3,600,000 gardes nationaux qui existent dans le pays ; ces 100,000 hommes doivent être des volontaires. Ils ne servent pas en temps de paix. »

(1) Il y avait dans cette armée, d'après les calculs de M. Thiers, 150,000 Prussiens, Bavarois, Saxons, Wurtembergeois, Westphaliens, Hollandais, Croates, Espagnols et Portugais, tous mal disposés, et 30,000 Autrichiens, 50,000 Polonais, 20,000 Italiens et 10,000 Suisses, dévoués à la France.

zina, ils n'étaient plus que 52,000, dont 12,000 seulement avaient conservé leurs armes. 300,000 hommes
avaient péri ; les autres s'étaient débandés ou avaient été
faits prisonniers (1).

L'édifice de la monarchie universelle fondé par « une
politique aveugle et désordonnée (2) » s'écroula sur la tête
de son téméraire auteur, et l'histoire eut à constater une
fois de plus la vérité de ce mot de Benjamin Constant :
« *Le pouvoir absolu rend fou.* »

M. Thiers a pu dire, sans manquer de justice ni de
mesure à l'égard de Napoléon : « Il a immolé plus d'hommes
que jamais n'en ont immolé les conquérants asiatiques,
et sur les terres restreintes de l'Europe, couvertes de populations résistantes, il a parcouru plus d'espace que les
Tamerlan et les Gengis Khan n'en ont parcouru dans les
vides de l'Asie. »

L'accroissement rapide des armées après 1805 permit à
Napoléon et à ses ennemis de présenter sur les champs de
bataille des effectifs supérieurs à ceux que les Français et
les alliés avaient eus, à Malplaquet, la plus grande bataille
du siècle de Louis XIV.

A Wagram, l'armée française comptait 150,000 hommes
et l'armée autrichienne 140,000 ; à Borodino, il y avait
127,000 Français et 140,000 Russes ; à Bautzen, 130,000
Français et 150,000 alliés ; à Dresde 120,000 Français et
180,000 alliés ; à Leipzig, 130,000 Français et 300,000
alliés.

Sous Napoléon, comme sous Louis XIV, l'accroissement
des armées ne conduisit à aucun progrès dans l'art de la

(1) Le nombre des soldats faits prisonniers fut d'environ 100,000.
(2) Thiers. *Histoire du Consulat et de l'Empire.*

guerre. L'historien le plus enthousiaste et le plus indulgent du grand capitaine est lui-même obligé d'en convenir. « Bien que Napoléon, dit-il, possédât ce que la plus grande expérience pouvait ajouter au plus grand génie, cependant l'art de la guerre lui-même avait perdu quelque chose sous l'influence de l'immensité et de la précipitation des entreprises.

» La campagne de 1812 présenta l'image d'une expédition à la manière de Xerxès. Huit jours s'étaient à peine écoulés depuis le passage du Niemen, que 200,000 hommes avaient déjà quitté les drapeaux et donnaient le spectacle déplorable et contagieux d'une dissolution d'armée. »

Les grandes batailles livrées de 1809 à 1814 font moins d'honneur au génie militaire de Napoléon que ses victoires d'Italie, d'Égypte, d'Autriche, de Prusse et de France obtenues avec des armées égales et même inférieures à celles d'Alexandre, de César, d'Annibal, de Turenne et de Fréderic II (1). C'est en effet avec 30,000 hommes qu'il

(1) Alexandre fit la conquête de l'Inde avec une armée qui ne dépassa point 47,000 hommes (effectif présent à Arbèles).

César obtint ses plus beaux succès (Pharsale, Alésia, etc.) avec des armées de 24,000 à 40,000 hommes.

Annibal franchit les Pyrénées avec 50,000 fantassins, 9,000 chevaux et 37 éléphants; il n'avait plus que 20,000 fantassins et 6,000 cavaliers lorsqu'il déboucha en Italie, et remporta sur les Romains la victoire de la Trébia. (Les Gaulois lui ayant fourni des renforts après cette journée, il put opposer 57,000 hommes, dont 10.200 de cavalerie, aux 82,000 Romains que commandait Varron à la bataille de Cannes). A Zama, Annibal n'avait que 36,000 hommes et Scipion 37,200.

Gustave-Adolphe n'avait que 18,000 hommes à Lutzen, où il remporta une victoire signalée sur 40,000 Impériaux.

Turenne et Montecuculli n'eurent jamais plus de 25,000 à 30,000 hommes sous leurs ordres, et ils accomplirent, avec ces petites armées, des exploits qui sont encore admirés aujourd'hui.

La victoire de Leuthen, le chef-d'œuvre tactique de Frédéric le Grand, fut rem—

envahit l'Italie en 1796, avec 32,000 hommes qu'il s'embarqua pour l'Égypte en 1798, avec 40,000 hommes qu'il franchit les Alpes en 1800, avec 180,000 hommes qu'il entama en 1805 sa mémorable campagne contre l'Autriche, la Russie, la Suède et l'Angleterre, avec une force équivalente qu'il écrasa la Prusse et la Russie en 1806 et 1807 à Inéa, à Eylau et à Freidland, et avec 70,000 soldats, les uns épuisés, les autres trop jeunes, qu'il tint tête aux armées de l'Autriche, de la Prusse et de la Russie (environ 300,000 hommes), dans la mémorable campagne de 1814.

A Lodi, Arcole et Rivoli il vainquit avec 18,000 hommes; à Marengo, avec 28,000; à Austerlitz, avec 65,000; à Inéa, avec 56,000; à Eylau, avec 63,000; à Montmirail et à Montereau, avec 39 et 30 mille. Or, c'est dans ces journées célèbres que son génie se manifesta avec le plus d'éclat. Chaque fois qu'il eut à engager, le même jour, plus de 100,000 hommes, il se montra inférieur à lui-même. Cela tient à ce que la nature a mis des limites aux facultés qui doivent entrer en jeu dans la conduite et l'emploi des troupes.

Montecuculli ne voulait que des armées de 30,000 hommes. Turenne regardait une armée de plus de 50,000 hommes « comme incommode pour qui la commande et pour qui la compose. » Le maréchal de Saxe et le général Moreau étaient d'avis qu'une armée ne doit pas dépasser 40,000 hommes. Guibert porte l'effectif maximum à 60 ou 70 mille combattants, et le maréchal Gouvion Saint-Cyr

portée par 32,000 hommes sur 87,000 Autrichiens. Le même général défit, à Rosbach, avec 22,000 hommes, 63,000 Français sous les ordres du maréchal de Soubise.

prétendait que le commandement d'une armée de 100,000 hommes « exige de telles forces morales et physiques qu'on ne peut espérer les trouver réunies dans un seul homme. »

Les dernières guerres ont donné un démenti à ces opinions, puisqu'à Solferino, Sadowa, Gravelotte et Sedan on a vu des généraux, qui n'avaient pas l'expérience ni le génie militaire de Bonaparte, mettre en action des armées de 150 à 230 mille hommes (1) et obtenir des succès comparables aux plus beaux faits d'armes de la République et de l'Empire. Cela provient de ce que les progrès des sciences et des arts ont mis aux mains des généraux modernes des moyens et des ressources que n'avaient pas les anciens, pour transporter et diriger de grandes armées, pourvoir à leurs besoins et en régler avec précision tous les mouvements. C'est ici que se manifeste l'intervention de la science dans l'accroissement des armées permanentes. Grâce aux Salomon de Caus, aux Papin, aux Fulton, aux Stephenson, aux Galvani, aux OErstedt, aux Wheatston, ces illustres promoteurs et inventeurs des bateaux à vapeur, des chemins de fer et du télégraphe électrique, les généraux ont pu combiner des mouvements plus étendus, exécuter de grandes concentrations de troupes avec plus de rapidité, de sûreté et de précision, établir enfin des relations plus faciles entre les armées en campagne et les bases d'opérations, comme entre les corps éloignés agissant de concert sur un même champ de bataille. D'autres découvertes ont permis de nourrir plus facilement les

---

(1) A Solferino, il y avait 160,000 Autrichiens et 140,000 Français et Piémontais; à Sadowa, 200,000 Autrichiens et 220,000 Prussiens, dont seulement 180,000 à 185,000 furent engagés; à Gravelotte, 220,000 Allemands et 130,000 Français; à Sedan, 220,000 Allemands et 110,000 Français.

troupes en marche, d'assurer mieux le service des ambu-
lances et des hôpitaux et de réduire notablement les trains
de bagages et de vivres. Sans ces avantages précieux, les
Allemands auraient-ils pu, comme ils l'ont fait dans la dernière guerre, jeter en quelques jours 18 corps de 35,000
hommes sur la frontière française, mettre ces corps en
marche dans un ordre parfait, les pourvoir de tout en abon-
dance, établir de promptes et faciles relations avec leurs
dépôts, dont quelques-uns étaient éloignés de plusieurs
centaines de lieues, et faire combattre ces masses énormes
sans confusion ni désordre sur des champs de bataille si
étendus qu'aucun regard humain ne pourrait les embras-
ser? Sans doute le génie du comte de Moltke, la science
des états-majors et l'instruction si solide du soldat alle-
mand ont grandement contribué à ce résultat; mais il n'en
est pas moins certain que des armées doubles de celles
qui déjà parurent peu maniables à Luxembourg, à Villars
et à Napoléon, n'auraient pu être mises si facilement en
action (1) ni obtenir de pareils succès sans le secours effi-
cace que les sciences et les arts industriels ont prêté à la
stratégie et à la tactique. Or, en rendant les grandes armées
maniables, les savants et les industriels ont singulièrement
facilité la tâche des souverains et des peuples qui ont créé
ces armées dans des vues ambitieuses; ils ont poussé aussi
à l'accroissement des dépenses militaires, en perfection-
nant les armes et en inventant de nouveaux moyens de

---

(1) La grande difficulté tactique des batailles sera toujours d'assurer la mise en
action simultanée de toutes les troupes qui doivent concourir à l'attaque décisive
sur laquelle on compte pour vaincre. Cette difficulté augmente énormément, et les
chances de succès diminuent dans le même rapport, quand les masses engagées
dépassent un certain effectif.

défense et de destruction. En effet, après chaque invention qui accroît la puissance des troupes, des fortifications ou des flottes, toutes les nations, quelque coûteuse que puisse être cette invention, sont obligées de se l'approprier. C'est ainsi que nous avons vu les grands États, dans l'espace de vingt-cinq ans, transformer complétement leur marine et leurs batteries de côte, et modifier deux ou trois fois les fusils, les canons et les affûts de leur armée de terre.

Il nous reste à indiquer les causes qui ont provoqué l'accroissement des forces militaires depuis les guerres du premier empire.

On croyait fermement, après la chute de Napoléon, que l'ère des conquêtes était fermée pour longtemps, et, dans leur joie naïve, les nations se flattaient de pouvoir réduire notablement les dépenses militaires. Cette illusion, hélas! ne fut pas de longue durée.

La loi de 1818 fixa le complet du pied de paix, en France, à 240,000 hommes, mais il n'y eut en réalité sous les armes, cette année, que 118,000 hommes. Or, déjà en 1825, l'effectif présent, du pied de paix, s'éleva à 282,000 hommes, et celui du pied de guerre à 390,000. Trois ans après, le premier chiffre était représenté par 361,000 hommes et le second par 464,000.

Sous Louis-Philippe le maximum du pied de paix fut atteint en 1832; il s'éleva à 452,000 hommes.

Le second empire qui espérait, en faisant la guerre, consolider sa puissance et trouver une occasion favorable de donner à la France son *complément naturel*, augmenta encore cet effectif, et fut en mesure de mobiliser, en 1870,

909,000 hommes , dont 417,000 de garde nationale mobile (1).

Si l'on tient compte de la population qui était alors de 38,000,000 d'âmes, on voit que l'effectif n'avait dépassé que de peu l'effectif maximum de Louis XIV, qui était de 396,000 hommes pour une population de 19 1/2 millions, et l'effectif moyen de Napoléon, avant 1806, qui était de 414,000 hommes pour une population de 28 1/2 millions (2).

Le dernier grand accroissement des armées permanentes est dû à l'introduction du service général obligatoire, lequel a permis à l'Allemagne de porter au maximum le rapport entre l'effectif des citoyens armés et le chiffre de la population. C'est encore Napoléon qui a provoqué cet accroissement en voulant réduire la Prusse à l'impuissance, après Iéna, et en lui imposant à cet effet (par un des articles secrets d'une convention signée à Paris, le 8 septembre 1807, postérieurement au traité de Tilsit) l'obligation de ne maintenir sous les armes, pendant dix ans, qu'une armée de 42,000 hommes. Pour éluder cette clause et préparer à la guerre de l'indépendance un grand nombre de citoyens, sans éveiller les soupçons du maître, la Prusse

---

(1) La déposition du maréchal Le Bœuf, dans l'enquête ordonnée par l'Assemblée nationale, prouve que l'effectif, au 1er juillet 1870, était de 567,000 hommes instruits et de 417,366 hommes de la garde nationale mobile. La classe de 1870, dont l'appel avait été avancé, comptait 140,000 hommes pour l'armée et 80,000 pour la garde mobile. Le nombre des volontaires pour la guerre s'éleva à 28,099 ; total général, 1.232,099 hommes. D'après la loi organique du 1er février 1868, l'armée active et la réserve comprenaient un effectif de 800,000 hommes, et la garde nationale mobilisée, un effectif de 550,000 hommes ; total général, 1,350,000 hommes.

(2) Le recensement de 1801 donne 27,439,000 âmes et celui de 1806, 29,107.000

adopta le service obligatoire et le système de Kumper, qui consistait à congédier les recrues lorsque leur instruction militaire était terminée et à les remplacer par d'autres recrues, que l'on renvoyait à leur tour dès qu'elles étaient formées. Grâce à cette ingénieuse combinaison, la Prusse put, au commencement de 1813, compléter l'effectif des régiments et organiser 51 bataillons nouveaux (1). Jugeant ces forces insuffisantes pour résister aux grandes armées de Napoléon, elle décréta, le 3 février 1813, l'organisation de chasseurs-francs, et promulgua, le 17 mars, une loi qui mettait à la disposition du gouvernement tous les jeunes gens en état de porter les armes. On forma ainsi 209 bataillons et 174 escadrons de landwehr. Ces mesures, inspirées par un ardent patriotisme, permirent à la Prusse, dont la population avait été réduite, par le traité de Tilsit, de 8 1/2 à 5 millions d'habitants, de présenter en ligne, pour la guerre de l'indépendance, 316,000 combattants, (non compris les officiers), et 55,000 chevaux (2). Elles servirent de base à la loi de 1814 et aux décrets de 1815, qui imposaient à tous les citoyens en état de porter les armes, l'obligation de servir de 20 à 23 ans dans l'armée active, de 23 à 25 dans la réserve, de 25 à 32 dans le premier ban de la *Landwehr* et de 32 à 39 dans le second ban. La *Landsturm* était composée de tous les citoyens valides, âgés de 17 à 49 ans, qui n'appartenaient ni à l'armée ni à la landwehr (3).

---

(1) *Les Armées allemandes*, par Von Ludinghausen.

(2) Von Ludinghausen.

(3) La loi du 3 septembre 1814 et les décrets sur la landwehr du 21 novembre 1815, furent modifiés en 1857 et en 1860. Le contingent fut porté de 40,000 à

En 1859, la Prusse commence à se préparer au rôle qu'elle a joué depuis avec un si rare succès. Dès l'année suivante, elle porte le contingent annuel de l'armée de 40,000 à 63,000 hommes, et la durée du service dans la réserve, de deux à quatre ans. Par cette mesure, son pied de guerre, qui avait été jusque-là de 530,000 hommes (1), dont un quart sous les armes en temps de paix, monta à 781,000 hommes (2), dont deux septièmes sous les armes en temps de paix.

Un nouvel accroissement fut décrété après la guerre de 1866, qui donna à la Prusse un supplément de population de 4,500,000 habitants (3). Le contingent s'éleva dès lors à 100,000 hommes, et le pied de guerre atteignit le chiffre de 977,262 combattants (4).

Le contingent pour toute l'armée allemande est actuellement de 143,000 hommes, et l'on estime que l'empire pourra mettre sur pied 2,800,000 combattants, lorsque la landsturm sera complétement organisée. Cet effectif, qui

63,000 hommes, la durée du service dans la réserve fut fixée à quatre ans, et le 1er ban de la landwehr (citoyens de 26 à 36 ans) ne fut plus obligé de faire partie de l'armée en campagne.

(1) A savoir : 220,000 hommes (armée active), 150,000 hommes (1er ban de la landwehr) (de ces 370,000 hommes, 30,000 étaient destinés aux places fortes); 50,000 recrues (comme réserve active) et 110,000 hommes (2e ban de la landwehr).

(2) 342,000 hommes de l'armée active, 130,000 hommes de la réserve, 195,000 hommes de troupes de garnison, appartenant en grande partie au 1er ban de la landwehr. 218,000 hommes du 2e ban de la landwehr et 6,000 hommes appartenant aux corps spéciaux.

(3) En 1814, la Prusse avait 10 millions d'habitants; en 1859, 18 millions; en 1866, avant la guerre, 19,300,000, et après la guerre, 23,800,000.

(4) Armée de campagne, 514,826 hommes; troupes de dépôt, 180,672; troupes de garnison, 265,082; total, 957,580, soit 977,262 avec les officiers.

4

correspond à un soldat par groupe de quatorze habitants, représente le maximum absolu de puissance militaire. La proportion généralement admise jusqu'ici — et que les petits États n'ont pas encore dépassée — était d'un soldat sur cinquante habitants, et l'on considérait comme excessive la proportion d'un sur trente, préconisée par quelques écrivains militaires.

La France qui, pour ne pas déchoir, a dû adopter le système militaire de l'Allemagne, pourra, lorsque ce système aura produit tous ses effets, mobiliser 2,423,000 hommes (armée active, réserve de l'armée active, armée territoriale et réserve de l'armée territoriale), soit un soldat par groupe de quinze habitants.

L'Autriche, l'Italie, la Russie, tous les États de l'Europe ont augmenté ou augmenteront leurs forces militaires dans la même proportion.

Pour faire apprécier l'importance de cet accroissement, je citerai quelques chiffres significatifs.

Pendant la guerre de Sept ans, la Russie, la Prusse, l'Autriche, la France et les États qui constituent l'Italie actuelle, avaient sous les armes un effectif total de 1,150,000 hommes (1).

En 1827, ces mêmes États, dont les limites avaient sans doute changé, mais qui formaient à peu près la même masse territoriale, avaient un effectif de guerre de

---

(1) *Recherches sur la force de l'armée française*, etc. Dans l'effectif de 1,150,000 hommes, j'ai fait figurer les États qui constituent l'Italie actuelle pour 113,000 hommes. Je ne puis pas garantir l'exactitude de ce dernier chiffre, qui doit cependant s'écarter peu de la vérité.

2,629,000 hommes (1), c'est-à-dire plus que double de celui de 1760.

---

(1) Ces chiffres sont extraits d'un tableau dressé par le général Pelet et publié dans le *Spectateur militaire*, t. IV. Voici ce tableau :

Le pied de guerre de la France était, en 1827, de. .	314,628	hommes.
Celui de la Russie de	1,039.017	—
— de l'Autriche de	759,504	—
— de la Prusse de	524,428	— (a)
— de la Bavière de	71,600	—
— du Wurtemberg de	27,900	—
— de la Saxe de.	24,000	—
— de la Sardaigne de	50,000	—
— du royaume de Naples et de la Sicile de . .	60,000	—
— des États romains de	12,000	—

Total. . . . . 2,883,077 hommes (b).

Ces mêmes États peuvent aujourd'hui mobiliser les forces suivantes :

France.	2,723,000	hommes.
Russie.	1,820,000	— (c)
Autriche	1,094,000	—
Allemagne	1,310,000	—
Italie	823,000	—

Total. . . . . 7,470.000 hommes.

(a) Non compris la *landsturm*.

(b) La population de ces divers pays était la suivante :

France.	31,585,000	âmes.
Russie	59,532,000	—
Autriche	50,006,700	—
Prusse.	11,369,689	—
Bavière.	3,744,000	—
Wurtemberg . . .	1,460,000	—
Saxe	1,382,000	—
Sardaigne . . .	4,166,920	—
Naples et la Sicile . .	7,121,740	—
États Romains . . .	2,425,400	—

Total. . . . 152,592,549 âmes.

(c) Lorsque la nouvelle loi russe aura fonctionné pendant quinze ans, l'armée

Depuis 1827, l'accroissement a été plus rapide encore, puisque aujourd'hui les cinq États ci-dessus désignés (1) peuvent mettre sur pied 7,170,000 hommes, chiffre qui s'élèvera à plus de 11 millions lorsque les nouvelles lois militaires auront produit tous leurs effets, et qu'on tiendra compte de la landsturm russe, qui n'est pas encore organisée, et de la landsturm prussienne, qui n'a jusqu'ici que 240 bataillons régulièrement constitués.

Ainsi, dans l'espace de cinquante ans, la puissance militaire des cinq grands États du continent européen a presque *triplé*.

Notre siècle est donc arrivé, après tant de progrès accomplis dans l'ordre matériel et dans l'ordre moral, après de si grands efforts et des vœux si unanimes en faveur du maintien de la paix, après les objurgations virulentes de la presse et des congrès contre la guerre et les armées, après les ardentes et généreuses aspirations des penseurs et des philanthropes vers un avenir de concorde et de prospérité, notre siècle, dis-je, est arrivé à la réalisation de l'armement maximum, celui qui ne saurait être dépassé, à moins d'incorporer les adolescents et les vieillards!

---

active comptera 2 millions de soldats instruits, non compris les garnisons et la *landsturm*, dont l'effectif atteindra 1 million. Si l'on ajoute à ce chiffre celui des hommes valides restants, qui seront, en cas de guerre, enrôlés et armés par petits corps, on arrive à un total de 5 millions de combattants.

(1) La population de ces divers pays est la suivante :

Pour la France.	. . . . .	36,102,000 âmes.
— Russie.	. . . . .	69,884,000
— Autriche	. . . . .	35,904,000
— Allemagne.	. . . .	40,582,000
— Italie	. . . . .	25,801,000
Total.	. . .	209,273,000 âmes.

Anciennement, l'armement général existait chez les barbares et l'armement restreint chez les peuples civilisés. Cela tenait à ce que les armées de ceux-ci, à cause de leur immense supériorité tactique, pouvaient renoncer à l'avantage du nombre.

Aujourd'hui, l'armement général n'existe que chez les peuples civilisés, et l'armement restreint, que chez les peuples barbares ou demi-civilisés (1). Cela s'explique encore facilement.

L'entretien des armées est devenu si onéreux et l'art de la guerre si compliqué, si difficile, que le maximum de puissance militaire ne peut être atteint que par les nations qui ont le plus d'instruction, de richesse et de prospérité.

Le temps n'est plus où l'on pouvait « nourrir la guerre par la guerre. »

Napoléon, qui, le dernier, a fait une large application de ce principe, a dû reconnaître qu'il est précaire pour les vainqueurs, et qu'il pousse les vaincus à la révolte, par le spectacle des rapines et des cruautés qu'il autorise ou provoque.

Les progrès du droit des gens et l'adoucissement des mœurs ont imposé aux conquérants l'obligation de solder — pendant ou après la guerre — tout ce qu'ils requièrent ou consomment en pays ennemi.

C'est donc le développement de la richesse publique qui a rendu possible l'accroissement successif des armées et des dépenses militaires, depuis l'époque où Henri IV

(1) Parmi les peuples civilisés, l'Angleterre, seule, a conservé son armement restreint, mais malgré sa situation insulaire et l'énorme puissance de sa marine, il est à prévoir que bientôt elle sera obligée de modifier son système de recrutement, qui s'oppose à tout accroissement notable de l'armée de terre.

forma le projet d'abaisser la puissante maison d'Autriche. Quant à la cause qui a provoqué cet accroissement, elle réside uniquement dans l'ambition démesurée de Charles-Quint, de Louis XIV et de Napoléon 1er, qui ne surent point se borner à la grandeur modérée, la seule qui soit durable, parce qu'elle n'est pas insupportable à autrui.

Voyons maintenant quels seront les effets du dernier et très-important accroissement de puissance militaire qui vient de se produire après la guerre franco-allemande.

L'un de ces effets a été prévu et indiqué dans les termes suivants, par J.-B. Say :

« Les nations civilisées sont les seules qui puissent avoir assez de produits pour entretenir des forces militaires imposantes, *ce qui éloigne pour l'avenir la probabilité de ces grands bouleversements dont l'histoire est pleine, et où les peuples civilisés sont devenus victimes des barbares.* »

Un autre effet de l'énorme accroissement des armées, sera l'impossibilité de soutenir de longues guerres, sans ruiner les finances des États et sans provoquer une suspension générale des affaires et des transactions de toute nature.

Un autre effet encore, sera la nécessité de créer dans la plupart des États de nouveaux impôts, pour subvenir aux dépenses militaires, qui ont presque *triplé* depuis cinquante ans.

Enfin, le développement exagéré des forces militaires aura pour dernier effet de produire la décadence des armées et de faire rétrograder l'art de la guerre.

La propriété des grandes armées de mettre les peuples civilisés à l'abri de nouvelles invasions de barbares, est peu

importante aujourd'hui, car la civilisation actuelle, loin
d'avoir à craindre les barbares, prend l'offensive contre
eux en Asie, en Afrique et en Australie. Ce n'est que si
elle manquait à ses devoirs, en désarmant ou en négligeant
les armées, comme le firent les Romains après Auguste,
que de nouveaux Tartares et de nouveaux Musulmans
pourraient s'abattre sur les populations amollies de l'Occident.

Un avantage plus sérieux des grandes armées est d'abréger notablement la durée des guerres, car, bien qu'il soit
prouvé qu'une courte lutte entre des forces considérables
coûte autant de sang (1) et d'argent qu'une longue lutte
entre de petites armées, cependant au point de vue éco-
nomique et social, il est extrêmement utile d'abréger les crises
qui entraînent la suspension des affaires et jettent un
trouble profond dans les esprits. La guerre, en effet, n'est
pas seulement onéreuse par l'argent qu'elle coûte, elle
l'est encore par l'argent qu'elle empêche de gagner.

Si, nonobstant la courte durée des guerres modernes, je
signale l'appauvrissement des États comme un des effets de

(1 Il y a lieu de faire remarquer cependant que, proportionnellement au nombre des troupes engagées, les batailles modernes sont moins meurtrières que les
anciennes. Sous Frédéric II et Napoléon, les pertes étaient plus fortes qu'elles ne
le sont aujourd'hui, parce qu'on s'abordait de plus près et surtout parce que
toutes les troupes étaient engagées, tandis que dans les grandes batailles de nos
jours, il y a des corps qui ne sont pas engagés ou qui ne sont engagés que pendant
peu de temps.

A Solferino, les vainqueurs eurent 14,415 hommes tués et blessés sur 140,000;
à Custozza, 5,133 hommes sur 75,000; à Sadowa, 9,153 hommes sur 220,000; à
Gravelotte, 20,159 hommes sur 220,000; à Sedan, 8,960 hommes sur 220,000,
chiffres bien inférieurs à ceux des batailles de Frédéric II et de Napoléon. A
Leuthen, l'armée prussienne, forte de 30,000 hommes, eut environ 3,000 hommes
tués et blessés. A Marengo, 28,000 Français perdirent 7,000 hommes.

l'énorme accroissement des armées permanentes, c'est que pour lever en temps de guerre des forces considérables, il faut de toute nécessité garder sous les drapeaux, en temps de paix, un effectif qui ne peut être inférieur à trois contingents annuels (le tiers environ de l'armée totale) (1).

L'expérience et le témoignage des hommes de guerre prouvent, en effet, qu'il est impossible de former un bon soldat en moins de trois ans, même dans les pays qui, grâce à l'instruction et au service obligatoires, produisent les soldats les plus intelligents et les plus moraux. Les exigences de la guerre moderne ne permettent donc pas de considérer comme suffisantes les armées de milices, dont les hommes ne sont réunis annuellement que pendant huit ou quinze jours. Ces armées, de même que les armées de mercenaires, ont fait leur temps (2). Celles de l'un et de l'autre type qui existent encore n'offrent plus assez de garanties, et il n'est pas douteux qu'elles ne disparaissent bientôt.

La Suisse, éclairée par ses militaires les plus instruits, commence à douter de l'efficacité de son système de défense, et l'on a pu soutenir récemment en Angleterre, sans

---

(1) Nous disons le tiers, parce qu'il est reconnu que pour avoir une forte armée active et une réserve, on doit nécessairement astreindre les citoyens au service pendant douze ans, c'est-à-dire avoir douze contingents sous les armes au moment de la guerre; or, l'effectif des neuf plus anciennes classes est réduit par la mortalité et les pertes de toute espèce, au double à peu près de l'effectif des trois classes sous les armes. C'est ainsi que se trouve justifiée la nécessité de maintenir sous les drapeaux, en temps de paix, le tiers environ de l'effectif de guerre.

(2) Pour savoir ce que valent les armées de milice et celles que produisent les levées en masse, même aux époques où l'enthousiasme est le plus vif, il suffit de lire les relations des guerres de la Péninsule, celle de la guerre de la Sécession d'Amérique et l'excellent ouvrage publié, en mars 1870, par Camille Rousset, sur *les volontaires* de 1791-1794.

soulever aucune protestation sérieuse, qu'un jour viendra
où la Grande-Bretagne, pour assurer sa sécurité et con-
server son influence sur le continent, sera obligée de recourir à la conscription.

Quant au dernier effet de l'accroissement excessif des
forces militaires, la décadence des armées et de l'art de
la guerre, je suis certain qu'en le signalant, j'ai causé une
grande surprise à la plupart de mes auditeurs, convaincus,
sans doute, que cet art a fait, de nos jours, d'énormes
progrès. Eh bien, Messieurs, quoique très répandue, cette
opinion est fondée sur des apparences trompeuses, et il me
sera facile de vous prouver qu'elle ne résiste pas à un
examen approfondi.

IV.

La force des armées modernes réside principalement
dans l'instruction et dans l'éducation militaire des soldats.
Les progrès accomplis dans l'armement et dans les mé-
thodes de combat ont rendu cette préparation plus longue
et plus difficile qu'elle ne l'était autrefois. Elle exige des
cadres nombreux et bien composés. Or, plus un peuple
est civilisé et riche, plus il éprouve d'éloignement pour la
carrière des armes, laquelle ne conduit ni à la fortune ni
aux tranquilles jouissances de la vie. La difficulté de trouver un nombre suffisant de sujets honorables et instruits,
pour encadrer une grande armée, augmentera donc tous
les jours. Cette difficulté sera grande surtout pour le recrutement des sous-officiers, car dans les pays riches et
prospères les carrières civiles offrent aux jeunes gens plus
de liberté et de bien-être que ne peut leur en donner l'armée, sans exiger d'eux ni autant de travail, ni autant de

sacrifices. Il faudra donc descendre à un niveau intellectuel et moral de plus en plus bas pour recruter les cadres inférieurs, et il faudra aussi se montrer de moins en moins rigoureux pour le recrutement des officiers. Dans de pareilles conditions il est à prévoir que l'instruction et la discipline péricliteront, et qu'insensiblement les armées permanentes perdront les précieuses qualités qui leur donnent une si grande supériorité sur les armées de milices. Alors l'art de la guerre non-seulement ne fera plus de progrès, mais déclinera rapidement. Ces appréhensions n'ont rien d'exagéré. Déjà dans le pays le mieux préparé pour la guerre, celui où l'armée a jeté les plus fortes racines, où la population a les plus vives sympathies pour le soldat et où règnent les idées les plus favorables au développement de la profession des armes, déjà en Prusse la difficulté du recrutement des cadres inspire des craintes sérieuses aux hommes d'État et aux généraux les plus distingués. En février 1874, un journal militaire de Berlin signalait ce fait, que dans une seule division allemande « il y avait 120 places de sous-officiers vacantes et 15 emplois occupés par des soldats n'ayant par terminé leur service obligatoire de trois ans, bien que la garnison où se trouve cette division soit très-agréable et que le soldat y jouisse d'une grande considération (1). »

En France, en Autriche et en Italie, la même pénurie se remarque. Il a été constaté récemment, chez nos voisins du Midi, qu'un grand nombre de sous-officiers refusent l'épaulette de sous-lieutenant, pour accepter des emplois civils, mieux rétribués et plus faciles à remplir.

---

(1) *Neue militarische Blätter.*

On aura beau augmenter la solde des sous-officiers, améliorer leurs logements, leur donner plus de liberté et d'autorité, le mal ne disparaîtra pas; il prendra même un caractère de plus en plus alarmant, surtout dans les armées qui, se recrutant en partie de mercenaires tirés des dernières couches de la société, sont privées des bons miliciens dont ces mercenaires tiennent lieu, et des jeunes gens de la classe aisée qui ont une vocation prononcée pour la carrière des armes, mais qu'arrête au seuil de la caserne la crainte de s'y trouver en contact avec le rebut de la nation.

C'est donc un fait avéré que les classes intelligentes, morales et conservatrices dans lesquelles il importe que les cadres se recrutent, ne pourront plus désormais pourvoir aux besoins des grandes armées. Si l'on maintient les effectifs actuels, la décadence arrivera promptement, et aura des conséquences d'autant plus graves, que le maniement des grandes armées exige plus de science et d'habileté chez les officiers, plus d'instruction et de discipline chez les soldats.

J'ajouterai que les guerres devenant de plus en plus courtes, il sera désormais impossible de compléter l'instruction des cadres pendant la durée d'une campagne, comme cela se faisait autrefois. On devrait, par conséquent, avoir des officiers et des sous-officiers mieux préparés et plus instruits que ne l'étaient ceux des armées de Frédéric II et de Napoléon; or, dans la plupart des armées, les sous-officiers ont, au contraire, décliné et bientôt il en sera de même des officiers.

On devrait avoir aussi des soldats mieux exercés à la marche et au combat, parce que du jour au lendemain ils peuvent se trouver en présence de l'ennemi, grâce aux chemins de fer, qui ont, en quelque sorte, supprimé les distances. Autrefois on faisait de longues étapes pour arriver aux lieux de concentration et sur le champ de bataille, ce qui permettait de compléter l'instruction et l'éducation des soldats avant de les mener au feu. Aujourd'hui il n'y a plus de période d'apprentissage, et c'est presque sans transition que le milicien passe de la vie paisible du foyer aux terribles émotions de la guerre.

Non-seulement les grandes armées déclineront sous le rapport de la composition et de la préparation des cadres, elles opposeront encore des entraves de plus en plus fortes au génie des commandants en chef. L'obligation de nourrir les troupes, en pays ennemi, sans recourir à la maraude et sans affamer les habitants, et l'obligation non moins gênante de traiter les prisonniers et les blessés d'après les règles adoucies du nouveau droit des gens, rendront, en effet, bien précaires, même impossibles certaines opérations hardies, aventureuses qui ont illustré les conquérants d'autrefois, et dont les difficultés augmenteront, évidemment, à mesure que les armées s'accroîtront.

A un autre point de vue encore, les grands effectifs seront nuisibles au développement de l'art de la guerre.

Avant que Turenne, Condé, Gustave-Adolphe, Frédéric II et Napoléon eussent créé ce qu'on appelle l'art de la grande guerre, les armées se disputaient méthodiquement et lentement la possession des forteresses et des lignes retranchées. La guerre se faisait alors autour des places, et finissait d'ordinaire par un siége. Sous les grands capitaines que je viens de citer, et notamment sous le plus illustre de tous, Napoléon, le sort des empires se décidait en rase campagne, et la paix était le prix d'une victoire décisive.

Depuis peu l'on a fait un retour vers l'ancienne manière de guerroyer. La campagne de Crimée a fini par la reddition de Sébastopol, et celle de France, par la capitulation de Paris. Si l'Autriche avait eu une grande position fortifiée sur le Pô, en 1859, la bataille de Solferino n'eût pas abouti à la conclusion de la paix, et si Vienne avait été fortifiée en 1866, les vainqueurs de Sadowa auraient dû, comme ceux de l'Alma, se résigner à un long siége.

Voici l'explication de ce fait :

Le développement excessif des armées ayant rendu les guerres moins longues, les stratégistes ont compris que le meilleur moyen de combattre une invasion, était de créer de grandes positions défensives où une armée battue ou trop faible pour tenter le sort des armes, en rase campagne, pût tenir assez longtemps pour obliger l'ennemi à battre en retraite. Ces positions sont les camps retranchés permanents, dont l'idée appartient à Vauban, mais qui n'ont reçu leur véritable destination et une organisation rationnelle que depuis la chute du premier empire. L'une des plus remarquables applications qui en ait été faite est le camp retranché de Paris, qui date de 1840. Si ce camp, dont les dimensions furent réglées sur la portée des canons lisses, avait reçu en temps opportun, les modifications et les accroissements nécessités par l'introduction des canons rayés dans les parcs de siége et dans l'armement des places, les armées allemandes n'auraient pu le bloquer, et la guerre eût pris, sans doute, une direction plus favorable aux Français. L'avenir assignera donc un rôle important à tous les camps retranchés qui auront assez d'ampleur et de ressources, pour abriter, nourrir et approvisionner de grandes armées pendant 10 ou 12 mois. Grâce à ces établissements, certaines invasions échoueront et d'autres ne produiront que des résultats incomplets. Ils seront par conséquent très-précieux pour les petits États, et même pour les États de premier ordre, lorsque ceux-ci éprouveront un grand désastre au début des opérations; mais l'art de la guerre n'en tirera aucun profit, parce que les camps retranchés, attirant les armées par les grands avantages qu'ils leur offrent, limiteront les combinaisons des stratégistes et subordonneront le succès d'une campagne à la reddition d'une place, comme au temps de Charles-Quint, des princes de Nassau et de Louis XIV (1).

Il est donc prouvé que l'accroissement énorme des armées permanentes, si funeste au point de vue des intérêts matériels, n'est pas moins fàcheux au point de vue de la bonne constitution des armées et des progrès de l'art de la guerre.

Pour atténuer le mal, il n'y a qu'un moyen actuellement ou prochainement réalisable, c'est la réduction proportionnelle des grandes armées et l'introduction générale du service personnel, seul mode de recrutement qui puisse produire des armées intelligentes et morales.

Il y aurait une autre solution, plus radicale et plus heureuse, ce serait d'arriver à la suppression même de la guerre

---

(1) En théorie, les camps retranchés devraient donner plus d'indépendance aux généraux, en les dispensant notamment de l'obligation de couvrir la capitale ou le centre de la puissance militaire du pays (comme l'est Anvers pour la Belgique); mais, en réalité, il arrivera rarement qu'un général battu ou menacé de l'être. ne se replie pas sur un camp retranché, plutôt que de manœuvrer en arrière ou latéralement. C'est ce qui m'autorise à dire que, *dans la plupart des cas*, les guerres modernes se termineront par un grand siége, ou échoueront, parce que l'assaillant ne pourra mener ce siége à bonne fin.

et à l'aplanissement des conflits internationaux par voie d'arbitrage.

Mais loin de considérer ce moyen comme admissible, nous ne pouvons pas même nous bercer de l'espoir que les sanglants démêlés de peuple à peuple seront désormais moins fréquents.

Sans doute l'obligation d'entretenir les grandes armées aux frais du trésor, même en pays ennemi, rendra les guerres de plus en plus difficiles ; sans doute aussi l'adoucissement des mœurs et les progrès accomplis dans l'ordre moral, provoqueront une réaction de plus en plus vive contre l'emploi de la force dans les conflits internationaux, mais ce double effet ne sera jamais assez puissant pour prévenir les luttes armées. Aussi longtemps qu'il y aura des peuples qui voudront être prépondérants, et des chefs d'États ou d'armées qui rêveront pour eux ou pour leur pays de brillantes destinées, il faudra s'attendre à ce que les abus anciens se reproduisent avec leur cortège habituel de violences et de calamités.

Tout ce que je puis concéder, je ne dirai pas aux amis de la paix, car nous sommes tous de ses amis, mais aux disciples de Kant et de l'abbé de Saint-Pierre, c'est que les guerres à venir dureront moins longtemps et produiront moins de ruines.

Quant à voir toutes les causes de conflits écartées ou atténuées par les progrès des idées et des mœurs, je ne pense pas qu'il nous soit donné de jouir jamais de ce spectacle consolant. Je partage plutôt l'opinion de l'économiste distingué (1), qui soutenait, en 1873, que les progrès de

---

(1) M. MOLINARI. Voir la *Revue des Deux Mondes,* livraison du 15 janvier 1873.

l'industrie et le développement prodigieux des voies de communication, mettant en relation tous les peuples civilisés ou demi-civilisés du globe, ont par là même multiplié entre eux les occasions de querelles et de conflits. Ces différents, la sagesse commande sans doute aux États plus encore qu'aux particuliers de les éviter ou de les aplanir, mais cela est généralement impossible, soit parce qu'il n'existe pas de tribunaux d'États appuyés sur une force internationale capable de faire respecter leurs décisions, soit parce que les peuples, comme les individus, ont des passions et des préjugés qui les rendent, à certains moments, inaccessibles à la raison, à la modération, à la justice. Or, comme le prix de la guerre monte de plus en plus et que celui de la paix croît dans le même rapport, il faut que les gouvernements se tiennent continuellement en éveil pour prévenir les conflits que tant de points de contact entre eux peuvent faire surgir inopinément, et qu'ils soient toujours prêts, politiquement et militairement, à faire face à des agressions qu'il n'est pas toujours en leur pouvoir d'éviter (1).

Mais, dira-t-on, n'y a-t-il donc rien à tenter pour diminuer les maux de la guerre et le poids des armements excessifs que se sont imposés la plupart des États?

(1) Voici en quels termes M. Molinari énonce cette vérité :

« A quels besoins des nations les gouvernements doivent-ils pourvoir? Ces besoins varient selon les époques, mais le premier a été de tout temps le besoin de sécurité extérieure, et il ne semble pas, malheureusement, que les progrès de la civilisation aient rendu en ce point la tâche des gouvernements plus facile, au contraire! Entre des nations de plus en plus rapprochées et dont les rapports de toute sorte deviennent de jour en jour plus fréquents, les occasions de conflits sont aussi plus nombreuses. Ces conflits, il faut savoir les éviter ou les résoudre à l'amiable, et, si une solution pacifique n'est pas possible, *il faut être en mesure de les vider par la force!* Voilà ce que demande la sécurité extérieure. »

Messieurs, la réduction proportionnelle des grandes armées (1) rendue possible par les décisions d'un congrès européen obéissant à des idées philanthropiques et libérales, tel doit être, je pense, le *desideratum* des amis du progrès. Au delà il n'y a rien de pratique, rien de prochainement réalisable. Espérer que les armées permanentes disparaîtront comme le mammouth a disparu « parce que la terre ne pouvait plus le nourrir (2), » c'est prendre un beau rêve pour une consolante réalité. La guerre est toujours et sera longtemps encore, sinon éternellement, le triste lot de l'humanité. Nous sommes si éloignés de la voir disparaître que notre génération a pu assister au spectacle incompréhensible de la résurrection d'un Alexandre, d'un César, d'un Charlemagne, et que, depuis un quart de siècle, il a été versé plus de sang sur les champs de bataille qu'à aucune autre époque de l'histoire moderne, excepté pendant les dernières années du règne de Napoléon Ier.

Aujourd'hui comme au temps de Voltaire, on peut dire « qu'un prince qui licencierait ses troupes... qui laisserait tomber ses fortifications en ruine et qui passerait son temps à lire Grotius, dans un an ou deux aurait perdu son royaume. » C'est que la force, qui a été nécessaire pour instituer le droit, est encore plus nécessaire pour le faire régner.

Aristote appelle l'homme un *animal politique*. L'homme est, en réalité, un *animal belliqueux*. Alors même que les progrès des idées et des mœurs modifieraient sa nature au

---

(1) Les armées des petits États sont, proportionnellement à la population, bien plus faibles que celles des États de premier ordre. C'est pourquoi la réduction devra porter sur les dernières et non sur les autres, qui n'ont pas dépassé les limites admissibles, et qui devraient même être augmentées considérablement si les grands États ne diminuaient pas l'effectif qu'ils ont actuellement sur pied. »

(2) Mauvais argument, qui a été produit avec succès dans plusieurs *Congrès de la paix.*

point que toujours la raison et la justice prévaudraient sur ses passions et ses préjugés, s'ensuivrait-il que la guerre pût être supprimée ?

La guerre n'est-elle pas plus forte que nous ? n'est-elle pas une des conditions de l'existence et du développement des peuples, un des agents les plus actifs du progrès social ? Qui oserait le nier ? La science et l'histoire ne nous apprennent-elles pas que la destruction est le principe de la vie et que l'humanité ne s'avance dans la voie de la perfection qu'en foulant des ruines ?

Si l'existence terrestre, comme la religion et la philosophie l'enseignent, est une épreuve imposée à l'homme, pourquoi cette épreuve serait-elle exempte des maux qu'entraînent la guerre, les révolutions, la peste, les tremblements de terre, et d'autres phénomènes naturels qui sont le désordre apparent nécessaire à l'universelle harmonie, et dont l'action se fera sentir aussi longtemps que roulera dans l'espace la petite planète que nous habitons ?

La justice et la liberté n'ont été données à l'homme qu'au prix des combats, et la félicité ne lui a été promise qu'en récompense de l'abnégation, du dévouement et du sacrifice.

Il faut donc accepter la guerre et les armées, comme étant d'inévitables agents de conservation et de progrès, et borner notre ambition à rendre la guerre moins fréquente, moins cruelle, et les armées moins nombreuses, plus intelligentes, plus morales, afin que l'humanité ait moins de sacrifices à faire, moins de douleurs à subir, moins de sang et de larmes à verser. Sur ce terrain pratique, l'homme d'État, le philosophe et le militaire peuvent se donner la main avec l'espoir d'aboutir à un résultat utile et durable. »

www.ingramcontent.com/pod-product-compliance
Lightning Source LLC
Chambersburg PA
CBHW070928280326
41934CB00009B/1793